辽宁大学
经济法学文丛

教育部人文社会科学重点研究基地重大项目“当代中国权利立法研究”(15JJD820004)

教育部哲学社会科学研究重大课题攻关项目“加快发展民营金融机构的法律保障研究”(13JZD012)

教育部人文社会科学研究青年基金项目“债券违约分类处置法律机制研究”(18YJC820056)

On Fair Allocation of Financial Resource and Legal Protection

金融资源配置公平及其法律保障研究

田春雷◎著

法律出版社 | LAW PRESS

总　序

经济法学，在辽大

辽大经济法学成果累累

新一代经济法学者成长喜人

一

请允许我从一本书谈起。

这是一部编译之作——《日本经济法概要》(以下简称《概要》)。

此书1982年9月由地质出版社出版。

最先受到读者质疑的是，为什么经济法这类书稿要交给地质出版社出版呢？

情况是这样的：1980年我受命出任辽宁大学日本研究所所长。同年10月开始，在著名日本问题专家金明善教授的支持与配合下，我组织所内几位学者选译了日本经济法规并进行了简要论述，定名为《日本经济法概要》。

1981年秋，我背着《概要》书稿奔赴北京寻找出版单位。“文化大革命”期间撤销的司法部刚刚恢复，但是法律出版社何时恢复尚无音信。于是我分别拜访了北京综合性和经济类的两家出版社。但遗憾的是,他们都以种种理由婉言谢绝,理由之一是经济法概念尚存疑虑。当时我已认为出版无望了!

正在此时,巧遇一位在地质出版社任职的辽宁大学校友,知道我遇到难题后,便爽快地说:“没地方出版,就到我们社出版吧!”

就这样,祖国大陆最早论及经济法的一部专著,通过地质出版社与读者见面了!

二

作为经济理论工作者,为什么对经济法有如此浓厚的兴趣与热情?

这是对《概要》一书提出的另一类疑问。

在中国,政治经济学课程是以苏联同类教材为蓝本的。1953 年斯大林的《苏联社会主义经济问题》问世,成为经济类专业的基本教材。

20 世纪初,苏联在“十月革命”夺取政权后,经历了一种人类历史上前所未有的新制度——计划经济。计划经济作为一种国家经济制度,不是有没有计划的问题,这是表层命题。它的本质乃是两个消灭,即消灭市场,消灭财产私人所有制。1919 年俄共(当时尚未称苏共)第八次代表大会通过的党纲明确宣布:“社会主义就是消灭价值规律。”消灭价值规律就是消灭市场。20 世纪苏联官方与学界对待价值规律采用的理论,在 30 年代是“消灭论”;在 40 年代变为“改造论”,即改造价值规律;在 50 年代则转为“限制论”,即限制价值规律。

1949 年中华人民共和国成立后,在“一边倒”和“全面学习苏联”的方针下,中国从理论与实践两个方面建立苏式计划经济制度和理论体系。在中国,20 世纪 50 年代至 70 年代是不准谈商品经济的。1979 年我发表了《社会主义救中国,商品经济“富”中国》(《辽宁大学学报》1979 年第 6 期)一文。不到一周,便接到在北京国家机关工作的朋友劝告:“不要再讲商品经济了,上面明确指示:不准讲商品经济。”

1984 年党的十二届三中全会通过了《关于经济体制改革的决定》,明确提出我国将实行有计划的商品经济体制。从此,学术界开始了探索商品经济的热烈讨论。但是,仍然不能讲市场经济,1991 年各主流媒体还在大批市场经济制度。

1992 年邓小平南方谈话,首次提出“社会主义也可以搞市场经济”的命题。从此,学术界和经济界掀起了市场经济大讨论,大大推进了中国的改革与开放事业。

经济法恰恰是市场经济的产物,也是市场经济大发展的标志和社会文明进步的标志。

我是主张市场经济的。价值规律是市场经济的基本规律。20 世纪初,我发表《价值规律是一个伟大的学校》(《社会科学辑刊》1984 年第 5 期)等一系列文章,阐释价值规律(市场经济)对资源配置的调节作用,并确认市场经济的五大功能(《当代企业》1993 年第 1 期、《人民日报》1984 年 12 月 3 日)。在反复强调市场经济五大功能的同时,我又十分重视那只“看得见的手”的重要作用。于是我郑重地提出在市场经济发展过程中,必须建立五大调节体系(《辽宁大学学报》1982 年第 6 期),其中第四个调节体系为“法规调节”,详细探讨了经济法在对微观经济运作和宏观经济决策方面的“调节”与“监督”功能。

也就是说,我在探索那只“看不见的手”的过程中,深深领悟到那只“看得见的手”的重要作用。于是,我抢先“找到”了具有完备体系的日本现行经济法规,并向读者推介。

就这个意义而言,经济法虽然不是我本专业的“内涵”,但我却认为探索经济法学恰恰是经济学专业所“必需的”。正是因为有如此强烈的心理诉求和专业需求,我也就顾不上有“班门弄斧”之嫌,遂出版《概要》。

三

在辽宁大学,法学院有一种文化,叫“传承”。

弘扬传承文化的前提和基础,是“追求”。

以杨松教授为代表的辽宁大学法学院团队具有一种理论兴趣和理论追求（包括法学理论、经济理论和人文理论），具有一种信息追求和学术追求，甚至还有一种学术伦理追求。他们这种积极进取、孜孜以求的行为，使辽宁大学法学院取得了传承与发展的丰硕理论成果、学术成果和人才成果，并开创了具有辽宁大学特色的学术风格和治学品格。

大大出乎我意料的是，多年来他们居然对《概要》如此珍重，甚至把它列为辽宁大学经济法学科的一种记忆、一种符号和一种文化。《概要》出版后，我就“言归正传”，埋首探索本专业了。至于它在社会上有什么反应，我一概不知。是他们——辽宁大学青年学者们，始终关注、关心并收集此书的社会反响。不久前，法学院给我开列了一张反馈清单，其中法学界戴凤岐、梁慧星、杨紫烜、车丕照、周汉民、邵建东等多位学者曾引用和点赞此书的若干观点。这使我十分惊讶，十分感动，也给予我莫大鼓舞！

凡此种种，透过这般追求与传承、探索，可以看到辽宁大学法学院还有一种文化，谓之“八端文化”。八端者，即孝悌忠信礼义廉耻。体现八端文化的举措之一，就是“辽宁大学经济法学文丛”的开设。这是一项发展学术、振兴辽宁大学的创举。它将是校内外学者展示成果、交流思想、探索学术、繁荣经济法学的平台与百花园地。我希望它将是开放式、“群众性”的，既有长篇宏论，也有微文小品；既有精品展示，也有青年学者“处女之作”。倘若吸引众多辽宁大学校友，并诚邀法律界实践家都来耕耘这块田园，那么，本文丛将成为辽宁大学乃至法学界响当当的“品牌”。

我由衷地预祝，诚挚地企盼！

四

在辽宁大学，法学院还有一种精神，即“三向”：向上、向善、向爱！

我衷心地祝愿辽宁大学法学院的老师和同学们，继续坚守这“三向”精神：

天天向上，

天天向善，

天天向爱！

是为序。

八十有五的辽宁大学老员工

*

谨记

二〇一七年元月十二日

于辽阳县首山镇

* 原辽宁大学校长，经济学教授，第七届、第八届、第九届全国人大代表。

Contents

目录

引　言

一、选题的原因与选题意义

金融是什么？法学研究视野里的金融又是什么？不同的回答，会有不同的研究进路。如果把金融定义为金融机构、金融业务，那么金融机构的法律形式、准入限制、治理结构、金融业务的风险监管就是法律要考虑的问题，这些问题正是传统金融法的主要作用领域。如果把金融定义为工具，怎样规范地运用金融工具保障宏观经济稳健运行就是法律的研究课题，这一课题正是传统宏观调控法的研究领域。如果换一种思路，把金融定位为社会资源，法学研究又应从何处切入？

“金融资源”的概念，最早由西方学者戈德史密斯（R. W. Coldsmith）提出的。戈氏在1955年出版的《资本形成与经济增长》中谈道：“本书应该探讨金融资源和传递渠道对经济增长的速度和性质的影响……”①在这本书中，戈氏只是顺便提及了“金融资源”的概念，而对于金融资源的具体含义，戈氏并没有阐明。我国最早将金融作为资源进行系统研究的代表性学

---

① 白钦先：《金融可持续发展研究导论》，中国金融出版社2001年版，第345～346页。

者,是辽宁大学的经济学学者白钦先教授。他认为,金融资源是一种社会性战略资源,是稀缺资源。根据他的研究,金融资源包括以下三个紧密相关的资源层次:(1)基础性核心金融资源即广义的货币资本或资金,是金融资源的最基本层次;(2)实体性中间金融资源,包括金融组织体系和金融工具体系两大类,是金融资源的中间层次;(3)整体功能型高层次金融资源,是货币资金运动与金融体系各组成部分之间相互作用、相互影响的结果。前两者构成金融资源的"硬件",后者构成金融资源的"软件"。[①] 自此,一个新的研究范式——"金融资源观"产生了。金融不仅仅是工具性、技术性的定位,还被视为一种带有社会属性的重要资源,金融学研究范式的转变为法学研究提供了新视角。

在现代经济运行的过程中,金融的资源属性日渐凸显,一个不容置疑的事实是,金融资源的配置总量、配置效率直接决定了经济发展水平,占有了优质金融资源的行业、地区、群体,更有条件实现经济的高速发展。金融资源的配置有市场配置、政府配置、市场和政府混合配置三种模式,我国采取的是混合配置的模式,根据已有的研究,在我国金融资源配置的过程中,相对于市场而言,政府起到了更大的作用,主导着金融资源的配置。与此相伴的另一个问题也随之出现了,金融作为一种稀缺的资源,其开发配置具有高度的垄断性特征,[②]在总量有限的情况下,一个群体、地区获取的多,相应的其他群体、地区获取的必然就少。那么,政府该如何配置金融资源,才能实现金融发展公平呢?法律可以提供具体的方法吗?这是笔者关注这一选题的最初动因,除了理论上的思考外,我国实践中金融资源配置的失衡与不公现状是笔者关注金融资源配置公平这一论题的另一直接原因。

(一)金融资源配置的失衡与不公

1. 金融资源产权配置的失衡与不公

国有金融与非国有金融间的资源配置不公问题由来已久,应当说,这一问

① 白钦先:《金融可持续发展研究导论》,中国金融出版社2001年版,第72~75页。

② 白钦先:《以金融资源学说为基础的金融可持续发展理论和战略——理论研究的逻辑》,载《华南金融研究》2003年第3期。

题有无法回避的国情背景。目前,我国仍处于经济体制的转型阶段,国家为支持国有经济的发展,一直实施着较为严格的金融产权控制政策,通过资本市场的准入限制,将中小规模的非国有金融机构挡在门外,保证国有金融机构在金融市场的优势地位,然后通过国有金融机构聚集社会金融剩余,通过控制存贷款利率为国有金融机构创造高额利润。国家正是通过控制金融资源的产权配置,为国有经济体的发展提供了大量廉价的金融资源。这种做法虽然为国有经济的发展提供了诸多便利,但却形成了国有金融机构的实质垄断,造成了国有金融与非国有金融在机构设置、经营范围、业务开展等诸多方面的巨大差异。

有一组数据,刚好可以佐证上述观点。2011 年英国《银行家》杂志(*The Banker*)进行了一项名为"2010 年全球最赚钱银行"的调查,调查数据表明,排名在 2010 年全球最赚钱银行前 3 位的分别是中国工商银行、中国建设银行以及高盛银行。其中,中国工商银行的盈利额为 245 亿美元,中国建设银行以 203 亿美元的盈利紧随其后。[①]《全球银行业展望报告》数据显示,全球系统重要性银行 2016 年上半年净利润最高的十大银行第一名为中国工商银行,净利润 227.2 亿美元;第二名为中国建设银行,净利润 201.9 亿美元;第三名为中国银行,净利润 161.8 亿美元;第四名为中国农业银行,净利润 158.4 亿美元。[②] 如此高额的利润来源于哪里?考察原因后,我们不难发现中国银行业利润的绝大部分来自存贷利差,据统计,我国银行业的存贷利差比成熟市场高 14 倍。而这种存贷利差显然是相关政策刻意控制的结果,国有商业银行受到利差政策保护是不争的事实。

2. 金融资源的产业配置严重失衡

在改革开放过程中,我国推行优先发展工业和城市的战略,实行了一系列向城市倾斜的金融政策。农业和农村是工业化资本积累的主要来源,农村资金源源不断地流向城市,在工业化的过程中,农业和农村成了事实上的牺牲

① 佚名:《2010 年全球银行排名 工商银行被评"最赚钱银行"》,载 http:// www.yinhang123.net/,最后访问日期:2010 年 7 月 1 日。

② 佚名:《2016 年全球银行 1000 强榜单出炉》,载 http:// bank.cngold.org/c/2016-07-06/c4216749.html,最后访问日期:2017 年 5 月 10 日。

者。农村金融机构数量少且都表现出明显的非农信贷倾向,农户的资金需求在正规金融体系内无法得到满足,只得转而求助于“地下金融”,农民的金融权利无从保障。可以看出,中国金融对待城市和农村的态度是存在显著差异的,直到现在,中国也没有建立起真正平等的,面向全体金融资源需求者的融资体系,这已经成为制约我国经济和金融进一步发展的症结。

如果改革开放初期,在经济基础薄弱的条件下要实现经济的快速发展,实行牺牲农业支持工业的产业政策有一定合理性,那么在我国经济已经持续高速发展多年,城市和农村的差距越来越大的今天,我国的产业政策是否应该进行调整,重新规划?金融政策是否应该体现向农业、农村、农民的适度倾斜?答案无疑是肯定的。金融资源的城乡配置公平了,整个国民经济的发展才可能持续而健康。要实现这一目标,法律就应该有所作为。

3. 金融资源区域配置不均衡

长期以来,由于资源禀赋、地理条件、市场化程度等方面的差异,我国东部地区的经济发展程度明显领先于中、西部地区。由于资本的逐利本性,地区经济发展水平的不均衡必然导致中西部地区的资金流向剩余价值率更高的东部地区,这进一步导致了东部地区资金丰余、中西部地区资金短缺的局面。近年来,我国先后推行“西部大开发”战略和“中部崛起”计划,国家不断加强对中西部地区的金融支持力度,这些措施虽然在一定程度上缓解了中西部地区金融资源短缺的困境,但是并没有从根本上解决我国中西部地区经济发展的资金“瓶颈”,也没有从根本上改变我国金融资源地区分布不均匀的现状。

(二)实现金融资源配置公平的必要性

正如我们在我国的现实中所看到的那样,金融作为一架不折不扣的财富再分配机器,其资源的过度集中已经使我国社会财富分配和经济发展的两极分化趋势日益加剧,事实上损害了社会公平。

在这样一个经济迅速发展,但却日益出现两极分化的社会中,我们需要关注的不仅是强者成果的巩固,而且需要带给弱者改变现状的希望。在金融资源配置领域,我们需要通过一系列制度的构建维持一个基本的正义底线,使我们社会中的贫困群体、落后地区、弱势行业能有公平的机会获取金融资源。这不是平均主义。如果金融需求者能力强，经济基础好，则其尽可以凭借实力获取更多的金融资源，但如果金融需求者的综合实力不强，没有先天优势，则起码也应赋予他获取金融资源的机会，一个完善的金融体系应该为这部分群体、地区、行业提供金融服务，而不是简单地以“优胜劣汰”为由把它们从市场中清除出去，这是金融发展和社会发展的一个底线。文明进步的社会应该给予每个人，哪怕是能力最差的人，也应有生存和发展的机会。

（三）保障金融资源配置公平的法律规范付之阙如

总结我国改革开放以来的经济发展历程，可以发现，改革开放前期，政府通过金融机构的产权控制，为国有企业提供了大量廉价的金融资源，推动了经济的高速发展，但这种发展模式本质上并不符合市场经济规律，因而是不可持续的。正如经济学者指出的那样，“如果中国前半段渐进改革的成功取决于国有金融制度的扩展与金融支持的贡献，那么后半段渐进改革的进一步成功推进取决于国有金融制度能否顺利地实现边界收缩”。[①] 于是，政府在金融资源配置中的角色定位、权限界分就成为法学研究必须要面对的问题。

在市场机制应成为资源配置主要方式的研究背景下，政府应不应该拥有金融资源配置的权限？如果可以有，具体内容是什么？边界在哪里？政府的调节与金融市场的自发调节如何衔接配合？导致我国目前存在金融资源配置不均衡现象的法律原因是什么？该进行怎样的法律制度构建才能实现金融资源的公平配置？这需要法学研究一一回答，需要法律制度一一安排，但遗憾的是，目前具有这方面内容的法律仍付之阙如。《中国人民银行法》中虽规定了中国人民银行的宏观调控职能，但主要体现为运用货币政策工具保持货币币值稳定和促进经济增长，对金融资源的公平配置只字未提。《中国银行业监督管理法》《中国证券业监督管理法》《中国保险业监督管理法》主要是以业别为界，以机构监管为主线，将金融业的稳健运行、防范和化解金融风险、维护公平竞争秩序、保护金融消费者的权益作为监管目标，并未涉及金融资源的公平配置问题。据笔者查到的资料，目前仅有一个地方政府规章，即上海市人民政

---

① 张杰：《经济变迁中的金融中介与国有银行》，中国人民大学出版社2003年版，第93页。

府2009年8月印发的《上海市集聚金融资源加强金融服务促进金融业发展的若干规定》中,涉及了上海市内的区域金融资源布局,但显然,地方政府规章的地域效力范围很有限,难以适用全局。

因此,从法律的角度,我们需要梳理和总结我国金融资源配置严重失衡的现状,探寻导致这一现状的市场原因与政府原因,需要对现有的金融法律制度进行检视与改良,使它能在金融资源配置中给予政府作用合理的定位,使它可以规范政府的资源配置行为,矫正市场配置的缺陷,最终改善金融资源弱者的生存状态,消减现有资源配置失衡带来的负面效应,让更多的人分享金融发展的成果,实现金融公平,进而促进经济增长与社会公平的统一。这也是本书选题的意义所在。

二、研究综述

(一)经济学领域的相关研究

"金融资源"是源于经济学中的一个概念,经济学领域与本选题相关研究文献较多,遍查学者们的著述,其研究主要集中在以下几个方面:

一是有关金融资源基础理论的研究。如白钦先认为,现代金融与传统金融相比已经发生了巨大的变化,在现代社会金融的本质是"资源",而不是单纯的中介与工具,并在"金融资源观"的基础上提出了金融可持续发展理论;[①]具体指出了进行以金融资源理论为基础的可持续发展研究需要进行的研究范式转变与方法变革;[②]崔满红详细阐述了金融资源的基本内涵、分类、金融资源配置的主体、配置方式、金融配置的国际化等问题。[③] 沈军、贺伯峰对金融资源学说进行了系统性的梳理,认为金融资源学说的核心部分主要是金融资源的层次划分、新金融效率观与发展观、金融发展模式、金融生态的研究、金融

---

① 白钦先:《论以金融资源学说为基础的金融可持续发展理论与战略——兼论传统金融观到现代金融观的变迁》,载《广东商学院学报》2003年第10期。

② 白钦先:《再论以金融资源论为基础的金融可持续发展理论——范式转换、理论创新和方法变革》,载《国际金融研究》2000年第2期。

③ 崔满红:《金融资源理论:一个新的理论分析框架》,载《经济学动态》2005年第9期。

可持续发展理念等。①

二是城市与农村、东部与西部、国有经济体与非国有经济体之间的金融资源非均衡配置研究。如卢颖、白钦先通过运用全国31个省市1992～2007年的相关数据,指出金融机构的贷款、证券筹资、保费收入等各类金融资源的地区分布存在巨大差异,并在此基础上提出了协调金融资源地区分布的对策建议。② 成学真、倪进峰考察了2005～2013年中国金融资源的省域分布状况及其影响因素,探究了内含于金融资源分布规律中的空间效应。结论显示金融资源的空间分布不平衡,沿海地区的金融资源丰裕度远高于内陆省份。③ 余红、熊德斌基于西南地区6省(区、市)2006～2015年的数据,指出西南地区金融资源的整体配置效率不低,但区域内各省(区、市)间存在不平衡现象。④ 王抒一认为,我国西部地区的金融资源配置呈现出明显的城乡二元结构,金融资源主要配置给城市与非农部门。金融配置的城乡二元结构加深了经济发展的二元结构。要实现经济的协调发展,必需调整金融资源配置的城乡二元结构。⑤ 何风隽认为,转型经济条件下我国政府通过对金融机构的产权控制和对金融资源配置权的控制,为体制内经济体的发展提供了大量廉价的金融资源,实现了经济转型第一阶段的成功。但这一做法的效果有时间性,第二个阶段的改革要想成功,需要从根本上改变政府对国有银行的垄断和国有银行对金融市场的垄断。⑥

三是如何提高金融资源配置效率的研究。如安阳调查和评价了我国东北地区金融资源配置的实际情况,提出了优化金融资源配置提高金融资源配置

① 沈军、贺伯峰:《再论金融资源学说》,载《浙江金融》2006年第1期。

② 卢颖、白钦先:《中国金融资源地区分布差异演变分析》,载《山西财经大学学报》2009年第8期。

③ 成学真、倪进峰:《金融资源省域分布、影响因素及其空间效应研究》,载《兰州大学学报》(社会科学版)2018年第3期。

④ 余红、熊德斌:《我国西南地区金融资源配置效率的实证研究》,载《中国集体经济》2018年第2期。

⑤ 王抒一:《理论与实证:西部金融资源的城乡配置结构与二元经济结构转换》,兰州大学2010年硕士学位论文。

⑥ 何风隽:《中国转型经济中的金融资源配置研究》,社会科学文献出版社2010年版。

效率的政策性建议;[①]常帅认为,虽然近年来我国金融资源配置效率整体稳步上升,但金融发展的地区间差异较大,东部省份较其他省份效率高,东北较低。经济基础、金融市场化程度和社会环境都可能不同程度的影响地区金融资源配置效率。[②] 孙国茂、胡汝银、陈志超利用 2007 ~2016 年 1054 家上市公司数据进行实证分析,研究结果发现:金融资源与企业绩效之间存在明显的"倒 U 形"关系,当前我国信贷市场上存在的所有制偏好导致了金融资源配置效率没有达到最优。

(二)法学领域相关的研究

近年来,越来越多的学者开始关注和研究社会公平问题。研究的角度从教育公平医疗公平到就业公平、社会保障公平等。最近有学者开始"金融公平"的研究,有代表性的如冯果的《金融法的"三足定理"及中国金融法制的变革》。文中认为,金融法制肩负着平衡金融安全与金融效率、调节社会财富分配和优化金融资源配置的任务,应将金融公平与金融安全和金融效率同时作为金融法制的三个价值目标。该论文全面界定了"金融公平"的基本内涵,涉及了金融资源配置公平,但并没有对此进行详细阐述和具体分析。

法学领域与本选题有关的研究可以归纳为以下两个方面:

一是农民金融权益的保护研究。如刘姣华、李长健认为,普惠金融是金融资源论和金融公平论的现实要求,普惠金融的目标是维护农民金融发展权,村镇银行的建立和运作是实现普惠金融的有效途径。村镇银行要按照普惠金融理念的要求,发挥缓解金融排斥、保护农民金融发展权的作用,明确其服务"三农"的市场定位,拓宽资金来源渠道,推进金融产品服务创新。[③] 于丽红系统介绍了中国农村正规金融与非正规金融的历史演化过程与形成原因,指出二元金融机构对农村经济发展造成了种种阻碍,在此基础上提出了中国农村

---

① 安阳:《我国东北地区金融资源配置的实证研究》,吉林大学 2009 年硕士学位论文。

② 常帅:《中国地区金融资源配置效率评价及其影响因素的实证分析》,暨南大学 2010 年硕士学位论文。

③ 刘姣华、李长健:《村镇银行保护农民金融发展权研究——从普惠金融的视角》,载《云南社会科学》2014 年第 9 期。

金融市场改革目标与农村非正规金融发展的建议;[①]王学忠认为,应在增加农村金融资源总量投入的前提下,适当放宽农村金融机构的市场准入条件,积极发展各种形式的民间金融,以此改善农村的金融资源配置情况;[②]黄滢晓、汪慧玲认为,金融资源配置扭曲现象在我国贫困地区广泛存在,主要表现在金融人才匮乏、金融机构服务缺位、金融资源配置的非市场和低效率状态等方面,这种金融资源配置扭曲导致贫困地区陷入贫困的恶性循环中。要摆脱贫困需要打破上述金融资源配置扭曲。[③]

二是以“金融资源配置权”为题的研究。这样的文献有两篇,何风隽的《中央政府与地方政府的金融资源配置权博弈》[④]与王馨的《制度非均衡下的票据激励:金融信用资源配置权的三重博弈》。[⑤] 前文认为,中国的金融资源配置经历了一个由集权(中央政府集中分配)到分权(由中央和地方共同配置)的过程。在现有的中央政府配置金融资源的成本与收益的条件下,中央政府与地方政府共同配置金融资源成为博弈的纳什均衡。这一博弈结果意味着提高金融资源配置效率可以在不改变国有金融制度的产权结构下,通过扶植(或至少不压制)非国有金融机构来实现。后者认为票据市场上同时并行着企业同银行、基层银行同上级行、商业银行同中央银行(其他银行)的三重博弈,这种博弈以商业票据为载体,以争夺更多金融资源配置权为核心内容;博弈直接导致票据市场动荡不定,危机四伏。规范发展票据市场的路径选择在于革新票据市场内外的宏观和微观金融制度。在这两篇文献里,金融资源配置权只是作为宽泛的研究背景,并不是一个严格界定的法学概念。

---

① 于丽红:《中国农村二元金融结构研究》,沈阳农业大学2008年博士学位论文。

② 王学忠:《新型农村金融机构市场准入法律制度研究》,安徽大学2010年博士学位论文。

③ 黄滢晓、汪慧玲:《金融资源配置扭曲与贫困关系研究》,载《贵州社会科学》2007年第12期。

④ 何风隽:《中央政府与地方政府的金融资源配置权博弈》,载《重庆大学学报》(社会科学版)2005年第7期。

⑤ 王馨:《制度非均衡下的票据激励:金融信用资源配置权的三重博弈》,载《金融研究》2004年第4期。

(三)外文文献的收集

根据本书收集的资料,与本选题相关的外文研究文献主要集中在以下两个方面:

一是论述金融资源配置与国家经济发展的紧密关系。如学者 M. M. G. Fase 与 R. C. N. Abma① 选择了一些亚洲国家为研究对象,分析了各国不同的金融环境以及对各国经济发展的影响;Levine Ross、②Goldsmith ③注意到了金融资源配置对经济增长以及收入分配的影响,强调应依靠市场的力量进行金融资源配置。二是对已经出现的金融资源配置不均情况如何通过立法方式进行矫正。如 Stella J. and S. Adams 认为,在美国的非白人社区居住的居民与家庭很难获得金融机构的信贷,这种"信贷歧视"的存在不仅导致少数种族的金融权益难以得到满足,而且导致社区金融发展的不均衡。只有将种族问题写进《社区再投资法》(Community Reinvestment Act,CRA),以上问题才能从根本上得以解决④。Ardalan 与 Kavous 的中详细描述了 CRA 解决问题的方法:对一定范围的金融机构苛以 CRA 义务,即金融机构应在安全和稳健经营原则基础上满足其所在整个社区的信贷需求。⑤

三、研究方法

一是综合采用社会科学的各种研究方法,以法学研究为主,辅之以经济学、社会学研究,运用经济学的市场失灵理论、有限理性理论等作为分析工具。

---

① M. M. G. Fase, R. C. N. Abma, "Financial Environment and Economic Growth in Selected Asian Countries", *Journal of Asian Economics*, 2003, 4(3): 126 - 143.

② Levine, Ross, "Stock market, Growth and Tax policy", *The Journal of Finance*, 1991 (46): 445 - 465.

③ Goldsmith R. W., "Financial Structure and Economic Growth in Advanced Countries: An Experiment in Comparative FinancialMorphology", *Capital Formation and Economic Growth*, 1955: 113 - 167.

④ Stella J. and S. Adams, "2009: Putting Race Explicitly in to the CRA", Revisiting the CRA: Perspectives on the Future of theCommunity Reinvestment Act: 167 - 169.

⑤ Ardalan Kavous , "2006, Community Reinvstment Act: Review of Empirical Evidence", *Academy of Banking StudiesJournal*, Vol. 5, No. 1: 25 - 42.

二是语义分析的方法。通过对概念的追本溯源和语义分析,可以透视到概念的真正内涵,从而觅得事物的一些本来面目。本书在对金融资源、金融资源配置、金融资源配置公平概念的界定上,便采用了这种研究方法。

三是历史的方法。任何一个制度都植根于一定的历史条件,有它产生的社会背景。从制度的演进轨迹中归纳问题、寻找规律,是法学研究中的一个重要方法。本书在梳理我国金融资源配置不公的种种现象以及探寻现象背后的原因时,使用此种研究方法。

第一章　金融资源配置:法学研究的新视域

第一节　金融资源观的产生

一、传统的金融观

金融的本质是什么? 古今中外,在经济学界、金融界、法学界并没有一个公认的界说。其原因:一方面,是金融自其产生之日起就一直紧随经济发展不停地变动;另一方面,研究者研究目的、研究视域的差异也会导致不同的结论。

(一)金融的本质

1."金融"中文词义探源

中国古代并没有把"金融"作为一个独立的词使用。最早列入"金融"条目的工具书,是1908年开始编撰、1915年出版的《辞源》和1905年即已酝酿编撰、1937年开始刊行的《辞海》。1937年普及本《辞海》第11版金融条的释文为:"今谓金钱之融通状态曰金融,旧称银根。各种银行、票号、钱庄,曰金融机构。"《通鉴长篇》则定义为:"公家之费,敷于民间者,谓之圆融。义于金融为近。"1936年版《辞海》金融条的释文是“(monetary circulation)谓资金融通之形态也,旧称银根。金融市场利率之升降,与普通市场物价之涨落,同一原理,俱视供求关系而定。即供给少需要多,则利率上腾,此种形态谓之金融紧迫,亦曰银根短绌;供给多而需要少,则利率下降,此种形态谓之金融缓慢,亦曰银根松动”。1979年版《辞海》的解释为:“货币资金的融通。一般指与货币流通与银行信用有关的一切活动,主要通过银行的各种业务活动来实现。如货币的发行、流通和回笼,存款的吸收和提取,贷款的发放和收回,国内外汇兑的往来,以及资本主义制度下贴现市场和证券市场的活动等,均属于金融的范畴。”

2.“Finance”的西方解释

如果简单概括,则西方人对“Finance”的用法不限于一种。西方的辞书和百科全书对“Finance”的诠释,大体可归纳为三种口径:

其一,广义的解释将金融诠释为货币的事物、货币的管理、与金钱有关的财源等。具体包括以下三个方面:一是个人的货币资财及其管理,归为“personal budget”;二是工商企业的货币资财及其管理,归为“corporate finance”;三是政府的货币资财及其管理,归为“public finance”。中国人的用法与西方人的解释颇有不同。在中国,通常不把个人的货币收支、工商企业的货币收支、政府的货币收支等纳入金融范畴。

其二,最狭窄的诠释是把这个词仅仅用来概括与资本市场有关的运作机制以及股市和其他金融资产行情的形成。

其三,介于广义与狭义之间的观点,是把这个词所包括的内容诠释为货币的流通、信用的授予、投资的运作、银行的服务等。联合国统计署关于金融及相关服务(Financial and Related Service)的统计口径,粗略地说,包括投资银行服务;中央银行服务和商业银行存贷业务与中间业务的服务;房地产融资、租借、租赁服务;非强制性的保险和养老基金服务及再保险服务,以及对从事以上各项服务的金融机构的服务。①

① 黄达编著:《金融学》(第2版),中国人民大学出版社2008年版,第99~100页。

3. 我国学者的解释

金融的范畴可以理解为：凡"即涉及货币、又涉及信用的所有经济关系和交易行为的集合。换个角度，也可以理解为：凡是涉及货币供给、银行与非银行信用，以证券交易为操作特征的投资、商业保险以及以类似形式进行运作的所有交易行为的集合。同时，随着货币与信用相互渗透并逐步形成为一个新的金融范畴的过程，金融范畴也同时向投资（investment）、保险（insurance）、信托（trust）、租赁（leasing）等领域覆盖"。①

"金融是货币资金融通的简称，它是以银行等金融机构为中心的各种形式的信用活动以及在信用及基础上组织起来的货币流通。具体包括货币的发行、回笼、流通及管理；存款的吸收和提取；贷款的发放与收回；银行的支付结算；国内外的汇兑往来；票据的承兑与贴现；有价证券的发行、交易及管理、信托投资；融资租赁；各种保险；金融期货、期权等金融衍生业务的开展及管理；外汇、外债等国际金融活动的开支及管理。"②

（二）金融在经济发展中的作用

1. 货币中性理论

古典经济学和新古典经济学派对金融的研究主要集中在货币领域，提出了"货币中性"的结论。认为货币只不过是覆盖于实体经济之上的"一层面纱"，货币供给量的变化只是影响价格水平等名义变量，而不影响社会实际产出水平，因而货币是中性的。

古典经济学家认为，统一的经济整体由两个方面构成——实物和货币。货币和实体经济的联系远没有人们想象中的那么紧密，货币只是实体经济的"外生变量"，货币供应的增加或减少不会对就业、产出等实际变量产生实质影响。对此，经济学家还进行了形象的比喻。例如，威廉·配第认为："货币不过是国家的脂肪，如其过多，就会使国家不那么灵活行事；如果其过少，也会使

① 黄达编著：《金融学》（第2版），中国人民大学出版社2008年版，第105页。

② 朱大旗：《金融法》，中国人民大学出版社2007年版，第5页。

国家发生毛病。”[①]亚当·斯密在《国富论》一书中，将货币在经济中的作用描述为“货币是流通的大轮毂，是商业的大工具，有了它，社会上的生活必需品、便利品、娱乐品，才得以适当的比例，经常地分配给社会上各个人”。[②] 上面的论述，反映了古典经济学派的一个基本观点，即货币与经济的长期发展是没有任何关联的，经济能否长期发展的决定因素在于实物部门；政府任何的货币政策对于实体经济的发展都是多余的，甚至是有害的；货币政策只能作用于货币市场自身，即控制货币的供应数量，稳定物价水平，维持货币的购买力。

无论是古典经济学还是新古典经济学，“货币中性”理论都只强调货币的交易媒介功能，不承认货币的价值贮藏作用，也不承认货币在媒介资本转移、实现储蓄配置等方面的作用，基本上排除了货币及其货币现象对实际经济的作用。

2. 货币非中性理论

古典经济学推崇将货币因素与实体经济分开的两分法，认为货币对实体经济没有任何实质影响，这一观点在货币与经济关系比较简单的时期被认为是正确的，但随着货币关系的日渐复杂以及金融对实体经济的逐渐渗透，货币中性理论的局限性表现得越来越明显，遭到了其他学派的批评与反驳。

瑞典学派的经济学家维克塞尔在20世纪初，首先对货币中性理论提出质疑，他尝试着向人们指出货币与实体经济之间的关联。他认为，虽然货币信用与实物资本截然不同，彼此之间不能相互替代，但二者之间并不是没有一点关联。货币的滥用会导致实物资本的破坏，实体经济的混乱。货币的合理使用，有益于实物资本的增加和实体经济的发展。因此，货币并不仅仅是实体经济的“面纱”，而是一个内生于经济的因素，应建立以货币利率与“自然利率”相一致为中心的货币经济理论。被著名经济学家熊彼特称为“管理通货思想的鼻祖”的约翰·罗，多次讨论了货币对经济的非中性作用。他说：“国家的实

---

① ［英］威廉·配第：《献给英明人士》，陈冬野等译，商务印书馆1984年版，第108页。

② ［英］亚当·斯密：《国民财富的性质和原因的研究》（上册），郭大力、王亚南译，商务印书馆1972年版，第267页。

力和财富，是由人口和国内外货物的储存量构成的。人口和货物储存量依赖于贸易，而贸易又依赖于货币。要国家富强，就要比其他国家拥有更多的货币，倘若没有货币，法律再好也不能使人得到雇佣，也不能使农业、制造业和贸易得到发展。”[①]凯恩斯也认为货币是非中性的，并提出了“货币资产理论”，将货币称为一国的战略性资产，认为资产的存量联系着现在与未来。凯恩斯在《就业利息和货币通论》中肯定了货币对经济的刺激作用。他说：“我们现在已经把货币这个东西，引入因果关系中(Causal nexus)，这还是创举。货币数量之变动，如何影响经济体系，现在我们也已得一瞥。”[②]

马克思在《资本论》第2卷中充分肯定了金融对实体经济的作用，他认为：“资本主义的商品生产要求货币形式的资本或货币资本作为每一个新开办的企业的第一推动力和持续的动力。”[③]我国著名经济学家黄达认为：“金融在现代经济中具有举足轻重和提纲挈领的地位和作用。具体而言，金融在市场资源配置中起核心作用；金融政策是国家调节宏观经济的重要杠杆；金融的状况，如稳定与否、效率高低，对一国经济的稳定和效率有关键意义，等等。”[④]

二、传统的资源观

资源是经济学上的重要概念。不同的历史时期，资源的内涵和范围存在明显差异。农业经济阶段，人们对资源的理解停留在自然资源层面，资源作为“资财的来源”，特指天然的资源，这些自然因素在一定的时间、技术条件下可以产生经济价值，以供人类提高自身的福利水平。[⑤] 主要包括水、土地、煤矿、石油等。到了工业经济阶段，资源的范围已经不再仅局限于自然领域，社会领域的劳动力资源也逐渐被纳入资源的范畴。

---

① [英]约翰·罗：《论货币和贸易——兼向国家供应货币的建议》，朱泱译，商务印书馆1986年版，第43页。

② [美]凯恩斯：《就业利息与货币通论》，陆梦龙译，商务印书馆1983年版，第147页。

③ [德]卡尔·马克思：《资本论》(第2卷)，人民出版社1975年版，第393页。

④ 黄达编著：《金融学》(第2版)，中国人民大学出版社2008年版，第106页。

⑤ 李京义：《国际技术经济比较》，中国社会出版社1990年版，第32页。

1876 年马克思在《资本论》中指出:"创造社会财富的源泉是自然资源和劳动力资源。劳动和土地,是财富的两个原始形成要素。"恩格斯在《自然辩证法》中明确提出:"劳动和自然界一起才是一切财富的源泉,自然界为劳动提供材料,劳动把材料变为财富。"①马克思、恩格斯的论断既承认了自然资源的重要地位,又指明了劳动力资源在财富创造中不可或缺的作用。自此,资源的范围在工业经济阶段得到了扩展。时间行进到知识经济阶段,自然资源与劳动力资源已经无法解释现代经济的高速发展,资源的范围又被重新定义。知识经济是指把知识产业作为国家基础产业的经济,将知识产业作为经济发展的主要动力,认为一国经济能否快速发展主要取决于智力资源的占有数量,取决于科技成果转化为生产力的速度。在知识经济阶段,自然资源和劳动力资源退居其次,科学技术成为经济发展的主要决定因素。

可见,资源的概念不是一成不变的,它的内涵与外延随着社会经济的发展和科学技术的进步不断的发展变化。历史发展到今天,资源的范围还在扩大,越来越多的新生社会因素被阐述出"资财之源"的属性,甚至逐渐成长为经济发展的主要动力。我国学者认识到了这一趋势,并对资源进行了重新阐释:"资源是指在一定历史条件下能被人类开发利用以提高自己福利水平或生存能力的、具有某种稀缺性的、受社会约束的各种环境要素或事物的总称。""资源是指一切能够满足人们需要的要素。"②美国学者 J. 科尔曼(J. Coleman)对资源作了更宽泛的理解,他认为不仅那些传统意义上的实体物品属于资源之列,那些能够满足人们利益需要的非物品(如信息)以及事件(如选举)也应纳入资源的范畴。③

从以上的论述中可以看出,传统的金融观认为金融是兼涉货币与信用的经济活动,金融是经济运行的中介、工具、杠杆。传统经济学经济资源观认为,作为推动经济发展重要动力的经济资源主要包括土地资源、劳动力资源和实

---

① 《马克思恩格斯选集》(第 4 卷),人民出版社 1995 年版,第 373 页。

② 张跃庆、张念宏主编:《市场经济大辞海》,中国国际广播出版社 1994 年版,第 30 页。

③ 汪菲:《基于资源基础理论的国家竞争力评价研究》,天津大学 2007 年博士学位论文,第 26 页。

物资本。但无论是传统的金融观还是传统的资源观,都不把金融当成一种资源来看待。然而随着金融的快速发展,金融活动越来越复杂以及金融对经济的渗透日益加深,金融在经济中的作用渐渐变得越来越重要,甚至开始脱离实际经济以"虚拟"的形态运行,这一切引发了人们对金融本质的重新思考。人们意识到,在人类社会财富的创造与累积中,传统上很重要的自然资源的比例正日益缩小,作用正日渐降低,而以前不被认为是经济资源的金融却逐渐显示出其特有的资源属性,对经济发展的作用越来越大,金融资源观由此产生。

三、传统资源观与金融观的发展与交汇——金融资源观

(一)金融资源的含义

"金融资源"概念,最早由西方学者戈德史密斯(R. W. Coldsmith)提出。早在1955年,戈氏在《资本形成与经济增长》谈道:"本书应该探讨金融资源和传递渠道对经济增长的速度和性质的影响……"①但这一概念在这本著作中只是顺便提及,其理论含义没有得到充分的重视,戈氏并没有明确界定"金融资源"的内涵。在我国,金融学者白钦先较早开始关注和研究"金融资源"概念。1998年他在《金融可持续发展研究导论》中正式提出了"金融资源"的概念,在此基础上,一些学者陆续围绕着金融资源的性质、作用、金融资源的可持续发展等展开了相关研究。虽然理论研究已经进行得如火如荼,但实际上学者们对金融资源的内涵与外延还没有形成完全一致的意见。目前,学术界关于金融资源界定的代表性观点主要有以下几种:

1. 白钦先认为,除了将金融的本质界定为"社会财富的索取权"外,我们还可以从"资源论"的角度认识金融的本质。在"资源论"的视角下,"金融是具有数量(货币和资本)累积和功能累积的、特殊的、内在于经济的社会资源;是一种集自然资源与社会资源属性为一体的对经济发展具有战略意义的资源"。② 它具体包括以下三个紧密相连的层次:

---

① [英]R. W. 戈德史密斯:《资本形成与经济增长》,纽约,国家经济研究局,第113页。

② 白钦先等:《金融可持续发展研究导论》,中国金融出版社2001年版,第72页。

(1)基础性核心金融资源,即广义的货币资本或资金,是金融资源的最基本层次。之所以将货币资源作为金融资源的基础层次,是因为货币资源为整个金融体系的运行提供了最基本的条件,货币从商品交换过程中自发地分离出来充当一般等价物是金融产生的前提;也因为货币资金的存贷和运动是金融活动最直接最形象地表现形式;还因为金融体系的重要组成部分——金融机构、金融市场等,是由货币资金在其间的运动联系起来的;更因为货币资金的配置效率直接决定了金融对经济发展的影响程度。

(2)实体性中间金融资源,包括金融组织体系和金融工具体系两大类。其中金融组织体系除包括各种类型的金融机构外,还包括规范各种金融关系的法律、法规等规范性文件。金融工具体系包括传统金融工具和衍生金融工具。金融组织体系和金融工具体系是整个金融体系正常运行必不可少的条件。包括各类银行机构、非银行金融机构在内的金融组织体系为货币资金的运动提供了外部环境,金融工具是货币资金运动的载体;二者合力作用,金融体系才能正常运行,金融的各项功能才能实现。

(3)整体功能型高层次金融资源,是货币资金运动与金融体系各组成部分之间相互作用、相互影响的结果。“一国一定时期的货币资本与金融工具体系以及金融组织体系是金融资源的‘硬件’方面,在硬件条件基础上所体现出的金融总体功能则是金融资源的‘软件’方面。”[①]金融资源对经济发展作用的大小一方面取决于货币资金存量的多少,金融组织体系的完整、健康,金融工具体系的安全、多样;另一方面取决于建立在上述硬件基础上的金融总体功能的发挥。

2. 陆家骝认为,现代经济活动的发展深化了人们对经济资源的认识,催生了“金融资源”概念。人们认识到,不仅土地、劳动力、实物资本属于经济资源之列,“所有参与决定这个经济的生产可能性曲线的位置和形状的因素,都包含在经济资源的范畴之中”。依照上述观点,“自然资源(包括地理区位),人

---

① 白钦先等:《金融可持续发展研究导论》,中国金融出版社2001年版,第72~74页。

力资源、实物资本资源、制度资源、金融资源和知识(产业科技和教育)资源"①是现代国家经济资源的主要类型。其中,金融资源在经济资源中占有重要地位,金融资源总体在运行的过程中即会产生内部(Internal)绩效,也会产生外部(Externality)效应。对于何为"金融资源",他认为,金融资源系统以金融体系为表征,一个国家或一个经济的金融体系就是这个国家或经济拥有的金融资源。金融资源包括以下几个层次的内容:"(1)货币资产和货币制度;(2)金融产业(包括金融机构、非货币金融资产和金融从业人员);(3)金融管理组织和管理体制;(4)金融意识。"②

3. 崔满红认为,金融的资源属性既不是我们的发现,也不是我们的创造,只是社会、经济的发展和科学技术的进步,使我们在今天拥有了正确认识金融属性和驾驭金融要素的能力,是社会的进步使金融的资源属性真正表象化而已。也就是说,只有今天这样发达的社会、发达的经济、发达的信息和科学技术才可能使金融的资源属性这一基本特征,摆脱其"工具"特性的外衣而直面社会。③ 根据金融资源的层次属性,可以将金融资源划分为以下几个层次:

(1)货币资源,是基础性的金融资源,意指货币发行机构依据社会、经济发展需要发行后贮存于经济生活和再生产之中的货币总量,即货币化的社会资财。货币资源的形成具有垄断性;货币资源还具有基础性、开发性和高度流动性。

(2)资本资源,特指货币资源的价值形态,是在货币资源的基础上为满足生产和流通的需要对货币资源进行再开发后形成的金融资源,具有再生性、增值性的特点。

(3)体制资源,金融体制资源包括属于"正式约束"范畴的金融法规、金融组织体系、金融政策以及属于"非正式约束"范畴的金融文化、金融职业道德等要素。金融政策和金融法规的制定和重新调整、金融市场的建立和完善、金

① 白钦先等:《金融可持续发展研究导论》,中国金融出版社2001年版,第345页。
② 同上书,第347页。
③ 崔满红:《金融资源理论研究》,中国财政经济出版社2002年版,第109页。

融文化的形成和发展,无论是对一个国家还是一定地区、其经济和社会效用都是十分明显的。

(4)商品资源,是金融资源开发的“产品”,包括传统金融商品和金融衍生商品。传统金融商品(工具),主要包括金融市场交易中体现双方债权债务关系的各种有价证券,如股票、债券、支票、本票、汇票等。金融衍生商品(工具),是根据利率和债务工具的价格、汇率、股票、商品期货价格等金融资源要素的价格走势的预期定值,并从这些金融商品的价值中派生出自身价值的金融商品。如金融期货、期权、金融互换等。①

(二)金融资源的特殊性

根据经济学者的研究,金融资源首先是一种一般意义上的社会经济资源,具有社会经济资源的基本属性,即有用性、贮藏性、开发性、有限性。除此以外,金融资源还有区别于其他资源的特殊属性。

1. 金融资源具有自身配置与配置其他资源的双重性

这是金融资源不同于其他资源的最重要属性。一方面,金融自身是一种资源,具有自我配置的功能。这种属性决定了对金融资源的开发、管理、配置和使用具有相对的独立性。这种独立性随着经济金融的快速发展,表现得越来越明显,甚至日益脱离实际经济,“虚拟化”现象与日俱增。另一方面,金融资源又有配置其他资源的属性,它可以对包括自然资源和社会资源在内的其他资源进行再配置。金融资源的流向引导着自然资源和社会资源在各部门、各行业、各地区之间的配置,从而调整金融资源的流向,可以在一定程度上协调地区发展和促进产业结构优化。

金融资源决定实体经济发展的生产性和金融资源本身开发所表现出来的独立性、虚拟性,一方面,使金融发展作为经济发展的一个组成部分,对整个经济的发展有重要全局性的决定意义;另一方面,也是更重要的一个方面,使金融不可能再是传统金融理论中经济的附属物,而是对经济、社会的发展具有全局影响的一种战略资源,金融资源可以作为资源开发利用的独立客体,可以作

① 崔满红:《金融资源理论研究》,中国财政经济出版社2002年版,第100~101页。

为资源配置的独立对象。

2. 金融资源的客观性与配置的主观性

金融资源属于社会资源。就它的内容与实质而言是客观的,例如,基础性金融资源典型地代表着人类价值贮藏与累积的特性,它的特定质与量的贮藏积累首先是以往历史长期积累的结果,不可能是人为设计决定的,是其本身固有的,而非人为"赋予"或强行"嵌入"的,只是在特定科技与社会条件下才可能被发现和认识而已。而金融资源的外在表现形式却往往可能有某种主观性(如金融机构类型、金融制度的人为选择)。但这种主观选择的自由度是建立在尊重金融资源客观属性的前提下,金融资源配置的主观性不意味着金融资源可以任意创造,随意安排,它受社会历史和经济发展条件、经济发展规律的制约。脱离金融资源客观性进行的任意配置,只可能导致对客观经济发展规律的违背,造成经济发展效率的低下。

3. 金融资源的稀缺性

金融资源的稀缺性不仅要从"量"上来理解,更要从"质"上来理解。"量"上的稀缺性,是指金融资源的数量有限而资源需求无限,无限需求与有限供给形成了金融资源的稀缺性;"质"上的稀缺性,是指它对人类生产和生活的极端重要性与不可或缺性。①

金融是社会财富的索取权,是货币化的社会资财,其量的积累和功能累积程度完全决定于社会财富的累积过程和累积规模,无论这种索取权集中程度如何,掌握在谁的手中或如何流动,索取权的行使过程只能依据社会财富的累积过程,索取权的再分配规模也不能超过社会财富的累积规模,这正是金融资源的有限性所在。② 这要求金融资源配置主体遵循各自的分工谨慎地进行资源配置,以实现效率与公平。

4. 金融资源的社会性

上述金融资源的内涵和外延表明,金融资源与土地、阳光等自然资源有很

① 白钦先等:《金融可持续发展研究导论》,中国金融出版社 2001 年版,第 123 页。

② 崔满红:《金融资源理论研究》,中国财政经济出版社 2002 年版,第 97 页。

大区别,它不是自然界与生俱来的,而是人们在长期的生产劳动过程中创造出来的,有的直接来自生产经营的过程,如货币资金;有的来自管理过程,如金融制度、金融政策、金融机构。① 因此,金融资源带有明显的社会性。

金融资源的社会性还体现在金融资源配置质量的提高,受制于一定的社会环境。金融资源配置的初始条件是它所依赖的历史沉积的、不断变化着的复杂的经济状态和社会环境。这就要求主体在进行金融资源配置前,尽可能充分地分析特定时点的社会条件,以特定社会条件为基础的决策才有可能更客观,更有针对性。

(三)金融资源的战略性作用

"金融资源观"认为,金融与经济的关系,既非"货币中性论"所主张的货币与实体经济无关,也非"货币非中性论"主张的货币对实体经济产生一定的影响,而是认为金融资源直接促进或制约一个国家或一个经济体的经济发展,金融资源在经济发展的过程中起战略性作用。这是因为现代经济的发展使得经济关系越来越金融化,社会资财越来越金融化,金融和实体经济的关系越来越紧密。一个国家或一个经济体的金融资源的规模和质量,直接决定了这个国家或这个经济体的资源配置能力、资源配置效率以及系统金融风险程度。如果金融资源的规模和质量是正向的,经济的资源配置能力和资源配置效率也会随之提高;反之,整个经济体系的系统风险就会增大。至此,金融资源在经济发展中的作用不能简单地用"影响"概括,而是应提升到"战略性作用"高度。

就社会安定与政治稳定而论,经济关系金融化会使一个经济体系的内在安全性变得相对脆弱。因为金融关系的衍生性质会造成巨额的金融资产脱离实物经济过程,它们的不规则流动和交易会将金融关系的系统风险累积起来,在一定的内因或外因的作用下,爆发成为对社会安定和政治稳定构成威胁的金融或经济危机。从这个意义上来认识,金融资源的合理积累和利用就是一个同国家安全问题相联系的战略性问题。②

---

① 付一书:《金融资源的流动与行政壁垒的约束》,载《金融理论与实践》2005 年第7 期。

② 白钦先等:《金融可持续发展研究导论》,中国金融出版社 2001 年版,第 347 ~348 页。

(四)金融资源配置的基本含义

资源有个重要的特征——稀缺性。在资源有限的前提下,投入某一领域的资源增加就会导致投入其他领域的资源减少。资源的稀缺性与人类无尽欲望之间的矛盾,客观上要求人们必须研究有限的资源用来生产什么、如何生产和为谁生产,资源配置由此成为经济学的基本议题。

理论界对资源配置有不同的表述。比如,“所谓资源配置,就整个社会而言,是指以人力、物力和财力所表现的资源在不同领域、不同行业、不同时期的投入使用”。① “资源配置是指对全社会的物资资源进行安排和搭配。”②“社会经济资源配置是指社会经济资源在社会生产的各个领域、各个环节和各个地区之间的安排和布置。”③

上述概括具有一个共同点,即认为资源配置是资源在一定范围内的分配和布置。据此,所谓金融资源配置,就是在一定的经济制度安排下,金融资源配置主体在各个生产经营者、行业(部门)、地区之间进行金融资源的数量和使用方向的分配组合,以使其供给符合社会经济发展的需要。这一界定强调:

1. 金融资源配置由特定的主体进行。金融资源配置主体可以概括地分为国家和市场两大类。在相对完善的市场经济条件下,国家主要负责货币的发行、金融市场的宏观调控、金融机构市场监管、发展扶持性金融、金融法律法规、政策的提供。市场(主要是金融机构)更多进行的是资本资源、金融商品资源的配置。④

2. 金融资源配置是在各个生产经营者、行业(部门)、地区之间展开的。这里强调的不是金融资源对其他资源如劳动力资源、土地资源、实物资源配置的引导作用,而是强调金融自身作为资源的配置范围。范围涉及不同的地区,不同的行业、不同的生产经营者。

3. 金融资源的具体配置方式是金融资源数量和使用方向的分配组合。金

---

① 李金亮:《社会主义市场经济论纲》,中山大学出版社2001年版,第16页。
② 陈岱孙主编:《中国经济百科全书》,中国经济出版社1991年版,第13页。
③ 厉以宁主编:《市场经济大辞典》,新华出版社1993年版,第67页。
④ 白钦先等:《金融可持续发展研究导论》,中国金融出版社2001年版,第254页。

融资源配置的数量多少、方向如何一般由金融配置主体根据客观经济需要和主体的偏好决定。需要指出的是,市场主体的金融资源配置往往会受到国家的产业政策、法律、法规等规范性文件的约束和影响。

第二节　法学视角下的金融资源配置

一、"金融资源观"的开创性意义

"金融资源观"认为,金融不再仅仅是单纯的符号、服务、中介,而是人类社会一切资财之源,是人类核心性资源、战略性资源。这一开创性理论的重要意义在于,为认识现代经济条件下的金融本质属性提供了一个新的视角。迄今为止,国内外如"资金融通说""货币化产权说""融通的工具、机构与市场的中介说"等学说对金融本质的揭示,虽然都从特定的角度揭示了金融的某些本质特征,有其合理性,但又都带有局限于时代的工具性、技术性倾向,其实质是将金融定位为经济的从属,在经济发展中处于被动性地位。随着近年来金融与经济的日益相互渗透和融合,经济金融化与金融全球化的趋势逐渐加深,金融已经从实体经济的背后进入了经济活动的前台,金融不只是作为工具来运用,而是作为一种直接追求的目标。金融资源理论的提出,转化了金融分析的视角,使人们对新经济条件下的金融属性有了更深层次的认识,金融不再是实体经济的面纱而是现代经济资源。① 这在一定程度上使金融超越了单纯的货币银行业务部门的微观性特征,提升了金融的全局性、宏观性、战略性、全球性地位,②这是金融理论的创新与发展。

金融是资源,不但超越了对金融属性的传统认识,而且改变了金融问题在经济学研究中的传统定位,金融作为一个整体成为经济学的一般研究对象之一。因为经济学就是研究既定约束下的资源配置问题,金融的资源属性决定

---

① 秦池江:《金融资源理论是金融理论的创新和发展》,载崔满红:《金融资源理论研究》,中国财政经济出版社 2002 年版,第 26 页。

② 白钦先:《论以金融资源学说为基础的金融可持续发展理论与战略——兼论传统金融观到现代金融观的变迁》,载《广东商学院学报》2003 年第 5 期。

了经济学对资源配置问题的研究应该扩大至金融资源的配置上。

二、"金融资源观"对法学研究的借鉴意义

经济学研究范式的转变,同时也为人们研究金融法提供了多元的视角。

与传统经济学的"金融工具观"相对应,已有的法学研究也有把金融作为一种工具的简单化倾向。在目前主流的经济法基础理论中,金融法的作用被归纳为国家宏观调控机构(主要是中央银行)运用货币政策工具对宏观经济运行进行调控,其定位是宏观调控法的一个组成部分。[①] 在这样的理论判断中,金融被定义为货币政策工具,是国家宏观调控的手段,仅具有工具意义。如果中央银行的货币政策工具运用和风险防范还属标准意义上的宏观调控,则商业银行的市场准入、证券法中政府对证券交易的监管中,市场秩序维护的意图就很突出。政策性银行的组织与运行的目的,主要是矫正金融市场的单纯逐利倾向,参与金融市场的意图很突出,将这两部分内容仍列为宏观调控法的范畴就有些牵强。将金融仅仅视为宏观调控的一种方法,直接导致金融法定性上的片面与偏差。

如果把金融资源观应用到金融法领域,就会发现,金融资源配置市场具有相对的独立性。作为在一定程度上自成体系的市场,它与普通市场一样,需要解决市场自发运行带来的三大问题,即运行不稳、运行无序、无法实现公平。金融市场自身也需要通过调控,熨平市场波动;通过反垄断和反不正当竞争,维护市场秩序;通过政策性金融等实现金融资源配置公平。至此,金融法研究的视角从单一的宏观调控角度,拓宽至金融市场调控、金融市场监管、金融市场扶持的多维视角。

自然而然地,需要进一步思考的是,如果金融不再仅仅简单地是交换的中介,或大体与真实的生产与交易活动相联系,金融是资源,是需要独

---

① 例如,有学者认为,宏观调控法主要由财政法、税法、金融法、外汇法、价格法等组成。参见漆多俊:《经济法基础理论》(修订版),武汉大学出版社 1998 年版,第 82 页。

立配置[①]的领域，那么谁可以成为配置主体？政府可不可以配置金融资源？如果可以，政府在配置金融资源的过程中对自身的作用又该如何定位？法律该如何规范政府的配置行为才能保障公平的实现？

三、法学视角下金融资源的具体范围

从上文所述经济学关于金融资源的三种观点来看，其基本内容是一致的，所不同的仅是在基本内容的基础上有所增减而已。经济学的研究成果对法学研究有借鉴意义，但很显然，经济学与法学研究的切入点是不同的。

经济学更多关注的是，可利用的金融资源的规模大小、总量多少；在金融资源稀缺的前提下，如何提高金融资源配置的效率。于是，在经济学视角下，金融资源的范围相对较为广泛，现实存在的各种类型的具体资源形式都包括其中。对金融资源的分类标准主要强调各类金融资源自身特质上的差异，根据各自的不同特点分别归类，在尊重各类资源特性的基础上研究如何更有效地利用金融资源。

经济学的分类标准，虽然具有面面俱到、覆盖完整的好处，但法学研究却无法完全采取经济学的标准。原因在于，上述经济学对金融资源的分层，法律不是每个层面都可以介入规范的，不是每种类型都可以成为法律关系的客体。比如，整体功能型高层次金融资源指的是货币资金运动与金融体系各组成部分之间的相互作用、相互影响，这部分金融资源的特点是相对抽象且以动态的方式存在，法律通常将确定的对象作为客体对待，[②]不确定的状态在现在的法

---

① 本书选择使用“配置”而不是“分配”的原因有两个方面：首先，分配有较强的主观色彩，分配的规则、分配的方式通常由分配主体根据自己的偏好制定，人为因素占很大成分；而配置虽然也带有分配的意思，但它强调主观分配必须尊重客观规律。具体到金融资源配置领域，政府在金融资源配置过程中虽然必不可少，但政府的干预应该建立市场机制充分作用的基础上。其次，分配公平更强调掌握分配权的一方应该站在“公正不偏”的立场上进行财富、资源的分配；而配置公平除强调资源配置者应公平的配置资源外，还强调资源需求者有平等的机会获取资源。

② 一般认为，成为法律关系的客体需要具备三个基本条件：第一，必须是一种资源，能满足人们的某种需要因而被认为具有价值；第二，必须具有一定的稀缺性；第三，必须具有可控性，可以被需要它的主体为一定目的而加以利用。私法上典型的法律关系客体形态有物、行为、智力成果等。参见张文显主编：《法理学》（第3版），法律出版社2007年版，第189页。

理框架下，还无法成为主体权利（权力）义务的指向，法律无法介入，因此，这部分的金融资源就不应该内含于法学视角下的金融资源范围内。以是否可以成为法律关系的客体为标准，本书以经济学金融资源的分类为依托，对金融资源的几个层次进行了适当调整，界定为以下几个层次：

1. 基础性金融资源。包括货币资源和资本资源，是金融资源最基本的构成层次。货币资源和资本资源有所联系，但又不完全相同。货币资源形成之后，在实际经济运行中会分化成不同的形态，"一部分货币资源以原始形态存在，执行着媒介商品交换的基本职能，最终会被'消费'掉退出流通领域，流通性是这部分货币资源的最主要特征；另一部分同样以货币资源原始形态存在，但在流通中却能以量的累积状态沉淀下来，成为后期开发金融资源的基础，'贮藏'性是这一部分货币资源的基础特征；还有一部分货币资源会转化为资本资源。经济主体通过开发配置货币资源，会将一定的货币资源转化成资本资源，这部分资源再与劳动力资源、实物资本等结合，就可以发挥价值创造的功能"。[①] 货币不是生来就是资本，只有它能带来剩余价值时才成为资本，这个本质的差异和转化上的关联，使二者有必要并列而非相互替代或完全单列，即称为"货币资源和资本资源"。

基础性金融资源的具体表现形态有金融机构存贷款、证券市场资金（主要包括股票融资和债券融资）、保险市场资金、外商投资等。本书着重从金融机构存贷款、证券市场和保险市场资金三方面来考察金融资源的分布与丰缺。

2. 机构性金融资源。具体包括各种类型的金融机构，如银行（商业性银行、政策性银行）、非银行性金融机构、证券公司、保险公司、基金管理公司等。机构性金融资源是配置基础性金融资源的组织资源，货币和资本通过金融机构实现流转，资本的流向和规模取决于金融机构对资金使用权的决策程序和治理结构，特别是金融机构的所有权的性质。组织资源的特殊性不仅在于配置资金的使用权，而且在于它具有派生资源和再生产金融工具的能力，从而直接影响实体经济的生产能力。这是金融资源中的核心资源。

---

① 崔满红：《金融资源理论研究》，中国财政经济出版社2002年版，第100页。

3. 金融商品资源。金融商品(financial products)是金融市场中交易的产品,由于金融商品交易是帮助实现资本融通的工具,所以在这个意义上,金融商品也被称为金融工具。有别于实物商品,金融商品的价值不是取决于商品自身,而是取决于能够给所有者带来的未来收益,或者说持有金融商品意味着拥有对未来收益的要求权利。例如,金融商品中的债券,它代表持有人对发行人索取固定收益的权利;金融商品中的股票,它代表股东在公司给债权人固定数量的支付以后对收入剩余部分的要求权——剩余索取权(residual claims)。

金融商品可分为"原生金融商品"(underlying financial products)和"衍生金融商品"(derivative financial products)。前者是指和实物资产紧密相连,体现双方权利义务关系的各种有价证券,如股票、债券、保险单、商业票据、存单等;后者指与实物资产之间的价值关联并不直接,依附于原生金融商品从中派生出来的具有自身价值的金融商品,如期货、股票指数期权等。① 两类金融商品处于发行过程时具有金融资源属性,当它们进入流通领域以交换对象存在时,就蜕变为一般意义上的商品,不再具有完整的金融资源属性。②

需要说明的是,在经济学上,将金融法律法规政策、金融组织体系、金融文化等制度性因素合称为金融体制资源,与货币资源、资本资源、商品资源并列,强调的是因"差异而单列":突出体制性资源的主观性特征与货币、资本、商品资源的客观性特征。而在法学视角下,需要更加关注的是联系,强调的是因"联系而融合"。本书试图通过金融法规政策厘定的政府与市场配置金融资源的界限,是在基础性金融资源层面、机构性金融资源层面、金融商品资源层面逐一展开的,研究的是每一层面金融资源配置的法律规制,由此制度性金融资源不再是金融资源的一个独立单列的组成部分,而是和前三者紧密联结,融合在一起的。

---

① 黄达编:《金融学》(第2版),中国人民大学出版社2008年版,第182~183页。

② 崔满红:《金融资源理论研究》,中国财政经济出版社2002年版,第100~101页。

第三节　金融资源的市场配置与国家调节

一、金融资源的市场配置与市场失灵

金融资源的市场配置，是指金融资源通过多元市场主体相互之间的交易和竞争来配置的机制。其中，各个市场主体都作为经济人在市场上处于平等、独立和自主的地位，买卖双方共同决定金融商品的价格和交易数量，金融资源作为商品以价格为媒介在自由交易和竞争中流动，价格随着供应状况变动而涨落并由此而调节资源的流向。

市场是资源配置的有效机制，这已为大多数资本主义国家的经济成就所证明。但是，市场不是万能的，市场机制也有自身无法克服的缺陷，以致在资源配置上失灵和失效，即不能或难以实现资源的高效配置，这已经为19世纪末以来资本主义经济的发展状况，特别是周期性的金融危机所证明。金融市场是市场的重要组成部分，作为提供金融资源流动和进行金融资源配置的场所，也具有一般市场的缺陷，结合现代经济学的市场缺陷理论（又称市场失灵或市场失效），金融市场失灵有下述主要表现：

（一）金融市场运行不稳定

金融市场可以按照不同的标准进行分类，最常见的是把金融市场按照交易标的的不同，分为货币市场、资本市场、外汇市场、黄金和保险市场。以货币市场为例，货币市场的运行最易出现波动，造成币值不稳定。

货币是人类最伟大的制度创新之一。在人类生活的早期，人们习惯于物物交换，随着社会分工的出现和商品生产的发展，从交替地充当一般等价物的几种商品中分离出一种商品，经常起着一般等价物的作用。“等价形式同这种特殊商品的自然形式社会地结合在一起，这种特殊商品成了货币商品，或者执行货币的职能。”①货币由此产生。货币作为交易媒介或流通手段，受现实世界生产力发展水平（决定商品价格总额）的制约。在经济形势乐观，各行各

① 《马克思恩格斯全集》（第23卷），人民出版社1972年版，第85页。

业发展势头良好的情况下,各商业性金融机构极易加大货币资源的投放量,如果货币量超过实际商品价格总额,则用于购买商品的货币增加,商品的价格就会持续上涨,引发通货膨胀。反之,则会引起通货紧缩。

近代以来,许多国家由于币值不稳定而发生通货膨胀,甚至恶性通货膨胀,引发严重的经济、社会、政治危机。恶性通货膨胀会使正常的生产经营难以进行;会引起突发性的商品抢购和挤兑银行的风潮;它造成的收入再分配和人民生活水准的急剧下降则会导致阶级冲突的加剧;通货膨胀在不同产业、不同地域间的不平衡性,容易引发资产结构调整效应,误导资源配置,扰乱经济秩序,对经济产生不良影响。通货紧缩和通货膨胀一样,同样是极具破坏力的。通货紧缩会使实际利率有所提高,社会投资的实际成本随之增加,从而产生减少投资的影响。通货紧缩也会导致消费者收入减少,压缩消费,进而导致经济增长乏力。

总之,无论是通货膨胀还是通货紧缩,都会破坏原有商品和服务的比价关系,使社会经济关系处于不稳定的状态。这种不确定将影响到企业的投资决策和居民的消费行为,并不利于经济成长。因此,所有国家无不将币值稳定作为国家的一项重大任务来关注,维护金融稳定日益成为保持经济稳定增长的关键因素。

(二)金融市场运行无序

1.金融市场的外部负效应

外部效应也称外部性,通常是指在市场经济中,某个经济主体的行为不通过价格体系而对其他经济主体产生直接影响。就金融市场而言,如果一家金融机构因为其良好的经营业绩,提高了人们对整个金融体系的信心,拉动了经济增长,促进了社会生产,即外部正效应。但如果该金融机构因为其自身的经营不善而破产,其经营活动失败带来的外部成本超越了它自身能支付的边界,社会必须为其支付额外的成本,并因此而导致整个金融体系的不良反应和整个市场信心的下降,如货币信用紧缩等,就是外部负效应。

由于金融机构高负债经营的特点和金融市场的高风险性,使金融市场的外部负效应较一般市场更为严重。原因有以下几个方面:第一,金融机构不同于一般的商业企业,一般的商业企业的破产或倒闭影响的只是极少数企业主的利益,而金融机构的破产和倒闭则涉及众多客户的利益。第二,正因为金融机构是一种靠负债获取经营收益的特殊企业,使金融动荡和危机的“传染性”更大,造成的社会成本和负外部效应也更大。例如,一家银行因经营危机而造成的挤兑行为,可能会引发客户对其他银行的判断,从而引发对其他银行的挤兑行为。另外,在现代金融机构之间的交叉负债现象比较多见的情况下,当一家金融机构出现金融危机时,可能会使多家金融机构陷入金融困难,从而给整个金融体系带来系统风险。第三,上述两点原因,使金融市场上的负外部效应形成了一种独特的自我放大机制,这种自我放大机制能将某一微小的金融动荡,通过金融市场的利益传导机制迅速扩散到整个经济体系,使宏观经济系统的发展节奏受到破坏。

上述原因所导致的金融市场外部负效应的存在,无疑强化了金融体系的内在脆弱性,加剧了金融动荡发生的可能性与不确定性。同时,由于市场的自由交易机制无力解决市场外部性问题,因此需要超越于市场的外部力量来限制其影响,这就为政府介入市场,实施金融监管提供了重要的理论依据。

2. 金融市场的不完全竞争性

市场经济就是竞争经济,正因为有竞争,市场才能够高效地配置资源。然而完全竞争从来都只是作为一种理论形态而存在,现实中几乎所有的行业都存在一定程度的不完全竞争。金融市场的不完全竞争性主要体现为两个方面:

一是金融机构的垄断行为。金融业存在规模经济的倾向,就银行而言,其规模越大,分支机构和经营网点越多,就越能吸引客户的关注,其市场份额越容易提高,从而降低其交易成本。金融业具有的这一特点,极易导致大金融机构对市场的垄断。垄断必然冲击市场主体间的地位平等、自由竞争和公平交易。在垄断条件下,金融商品价格不由买卖双方共同决定而仅由垄断者操纵,这就必然导致严重的价格扭曲,扭曲的价格不再真正地反映市场供求状况。金融机构的垄断行为既破坏市场机制正常运行所必要的竞争秩序,也损害市场配置资源的效率,还给消费者的福利带来了损失。

二是金融市场交易过程中的不正当竞争和过度竞争。近几年,随着金融全球化进程的加快,各国金融市场的联系更加紧密,各国金融机构已经不是在一国范围内,而是在世界范围内与各国金融机构展开竞争。激烈的竞争导致了一些行为偏差——不正当竞争和过度竞争,以不正当的方式争夺客户、诽谤竞争对手、过度的金融创新,种种行为不一而足。无论是不正当竞争还是过度竞争,都破坏了金融市场的自由竞争原则,降低了金融业的服务质量和有效产出,造成了社会福利的损失。

3. 金融市场的不完全信息

按照信息经济学的有关理论,金融市场产生的主要原因,就在于解决社会资金供求过程中存在的信息不对称问题。从人类的经济实践来看,银行等金融机构的存在,的确有效解决了这一问题。但是,以自身收益最大化为目标的金融市场主体的有限理性和机会主义行为以及金融交易商品对信息供给的极大依赖性,①又形成了新的信息不对称问题,如在银行与存款人、银行与贷款人之间就存在因信息不对称问题而产生的逆向选择和道德风险问题,造成市场失灵。②

总的来说,金融市场上的信息不对称,主要表现在以下几个方面:一是监管当局和金融机构之间的信息不对称;二是存款者和投资者与金融机构之间的信息不对称;三是银行与贷款者间的信息不对称。

(三)金融市场的趋利性

1. 趋利性使金融市场无法进行公共产品的供给

现代经济理论认为,稳定而有效的金融体系具有公共产品的特性。所谓公共产品,就是指那些不具有消费排他性的产品。也就是说,任何一个人对公

---

① 与一般的商品不同,金融产品具有价值上的预期性,其价格会随主观预期的变化而变化。金融产品的这种主观预期性,使其交换机制主要取决于交易双方对相关信息的掌握程度以及在此基础上所作出的判断。金融产品的这一特性使金融市场的交易双方之间极有可能出现严重的信息不对称,从而影响金融市场的效率与公平。

② See Ross Levine, "The Corporate Governance of Banks: A Concise Discussion of Concepts and Evidence", *World Bank Policy Research Working Paper* 3404, September, 2004.

共产品的消费,都不会排斥其他人对该产品同等数量的消费。任何人都可以从稳定而高效的金融体系中得到好处,而且无法排斥其他的人享受其收益,增加一个人享受这种好处也不会引起边际成本的增加。金融体系开发是国家或金融企业的投入,借鉴和使用则是大众化的。金融体系的公共产品的特性,使人们大多愿意消费公共产品却又往往不愿意为此支付相应的费用,这就产生消费公共产品的"搭便车"行为。"搭便车"行为的普遍存在,使人们支付的费用往往不足以弥补生产公共产品的成本,因而,以追求个人利益最大化为目的的自由市场机制缺乏足够的动力提供公共产品,需要市场以外的力量来实现公共产品的有效供给。

既然公共产品不能由私人提供,那么为了实现社会福利的最大化——私人产品和公共产品都实现帕累托最优配置,就必须考虑通过市场以外的途径来满足公共产品的生产。迄今为止,新古典微观经济学提出解决公共产品的供应有三种办法:(1)中央集权式;(2)投票;(3)克拉克税。中央集权方式就是由政府来决定公共产品的供应数量。投票则是一种比较民主的关于公共产品供应数量的集体决策机制。由于投票方式存在所谓的"投票悖论",即公共产品的消费者在通过投票决定公共产品的供给数量时,出于理性原则往往少报告自己对公共产品的实际需求和真正的支付意愿,因此,投票并不能保证投票结果决定的公共产品供应数量是最优的。克拉克税也存在诸多问题,无法导致帕累托最优的实现。① 在实践中运用最多的还是中央集权方式,即由政府担当供应公共产品的职能。

2. 趋利性使金融资源无法实现公平分配

市场机制在某种程度上是"嫌贫爱富""助强欺弱""优胜劣汰"的机制,它可能会产生与社会公认的公平准则不相符合的收入、资源和社会福利分布状态。从金融需求者的角度来看,在经济实力、身份地位、教育水平、劳动能力等方面千差万别的金融需求主体,都要按照统一的标准接受金融机构的拣选。

---

① [美]H. 范里安:《微观经济学:现代观点》,费方域等译,上海三联书店1994年版,第750页。

综合实力越强的越容易获得金融资源，实力差的则往往被排斥在外，从而“富者越富、穷者越穷”，这种差别一旦形成，市场还会使之扩大。历史和现实一再证明，依靠市场机制自发调节无法形成公平的金融资源分配结果，由金融资源分配不公激发的社会矛盾，正逐步威胁着经济发展和社会稳定。

二、金融市场失灵的国家调节

（一）金融市场运行不稳的矫正——金融调控

在现代市场经济中，金融业是货币流通、资金融通和社会支付结算的中心。尤其是在当代完全的信用货币制度下，金融已不再扮演简单的中心角色，而是积极地发挥着创造货币和信用流通工具的功能，从而使其对经济发展的作用从最初适应性的便利和促进，发展到主动性的推动和引导上来，成为一国经济发展的决定因素。金融市场运行不稳定，会直接影响国民经济的运作与发展，进而影响社会的稳定。因此，世界各国无论经济制度、政治制度的差异有多大，都无一例外地将维护金融市场的稳定作为政府施政的重要目标，并不约而同地进行金融市场调控。

金融调控，“又称为金融宏观调控和宏观金融调控，是以中央银行或货币当局为主体，以货币政策为核心，借助于各种金融工具调节货币供应量或信用量，影响社会总需求进而实现社会总供求均衡，促进金融与经济协调稳定发展的机制与过程”。①

一般说来，各国都将中央银行作为国家的金融调控机关。中央银行调控的主要对象是货币供应量，以此影响社会的总供给和总需求。中央银行履行调控职能的主要手段是各种货币政策工具，通过运用货币政策工具，对全国的货币、信用活动进行有目的的控制与调节，实现预期货币政策目标。根据《中国人民银行法》第23条的规定，中国人民银行为执行货币政策，可以运用的货币政策工具主要包括法定存款准备金、再贴现、公开市场业务和其他货币政策工具。

---

① 胡光志、周昌发：《金融调控权若干问题探讨》，载《经济体制改革》2009年第3期。

存款准备金就是为保证商业银行客户提取存款和资金清算的需要,由中央银行根据法律的规定,要求各商业银行按一定的比例将吸收的存款存入在中央银行开设的准备金账户。商业银行缴存准备金的比例,就是准备金率。中央银行可以通过提高或降低存款准备金率,限制或增强金融机构扩张贷款、派生存款的能力,从而对商业银行利用存款发放贷款的行为进行控制。

再贴现政策。再贴现是指商业银行将持有的已贴现但尚未到期的商业汇票出售给中央银行,中央银行通过购买上述商业汇票向商业银行提供融资支持。中央银行可以通过调整再贴现率和再贴现条件,来调整货币市场的货币供应量。再贴现率的高低、再贴现条件的松紧可以直接影响商业银行向中央银行借款的数量,从而再贴现政策成为中央银行收缩或扩张货币供应量的重要手段。

再贷款政策。再贷款是指中央银行对商业银行的贷款。中央银行再贷款主要以发行货币财政性存款、存款准备金为资金来源。中央银行可以通过调高或调低再贷款利率,增加或减少商业银行从中央银行取得信贷资金的成本,从而使货币市场的货币供应量和市场利率发生变化。当中央银行要收缩银根减少基础货币的投放量时,可以调高再贷款利率,这会增加商业银行的贷款成本,因此会抑制商业银行向中央银行贷款的意愿。当中央银行要放松银根时,则实行反向操作。

公开市场业务。在西方发达国家,公开市场业务一般是指中央银行通过与指定交易商进行有价证券和外汇交易,实现吞吐基础货币、调节市场流动性等货币政策目标的活动。在我国,公开市场业务是指中国人民银行在公开市场上与一级交易商进行交易,买卖国债、其他政府债券和金融债券及外汇、以吞吐基础货币、控制和调节货币供应量、货币市场利率,进而实现货币政策目标的活动。它具有公开性、公平性、灵活性、主动性等优点。

(二)金融市场运行无序的矫正——金融监管

为控制由于金融业自身的外部负效应性、金融脆弱性、信息不对称等特性带来的巨大的金融风险,维护金融市场的竞争秩序,保护存款人和投资者的利益,各国政府普遍实行金融监管。

金融监管制度的设计与各国金融业的发展状况、政治制度、法律制度甚至文化制度密切相关,各国的金融监管制度因此不尽相同,于是便有了单一监管、"双峰"监管、"伞形"监管以及多头监管的差异。然而,随着经济一体化和金融全球化趋势的增强以及金融机构跨国业务的增多,各国逐渐突破国别金融监管体系,在金融政策上出现了一体化的倾向,金融监管的理念和具体措施也逐渐趋同。概括而言,各国为保障金融市场的有序运行,通常以金融机构的设立、运营、退出为线索,在各个阶段采取相应的监管措施。

市场准入监管。金融业是具有社会公共性和高风险性的行业,市场准入控制是有效金融监管的首要环节,各国一般都实行严格的市场准入监管。市场准入监管可以分为主体资格限制、业务限制、地域限制①三个基本方面。对主体资格的监管主要体现在以下两个方面:一是规定金融机构设立的立法原则。在世界上大多数国家,进入金融业从事金融活动通常需要"特别许可",我国也采用了这一立法原则。申请人欲设立金融机构,必须先得到金融监管部门的审批,由监管机构审批颁发金融许可证,然后经工商登记后始可营业。二是规定金融机构设立的基本条件,包括必须具有一定规模的资本金,具有符合法定条件的组织机构、经营场所、从业人员、内部章程等。其中,资本金要求是金融机构设立最重要的基本条件。对金融主体资格予以严格限制的目的是确保进入金融市场的金融机构具备一定的风险承担能力,尽量避免自身资质不充分的机构进入金融市场可能引发的风险。业务限制可以从广义和狭义两个层面理解:广义的业务限制是指金融机构在经营金融业以外是否可以经营其他行业,也可以指是否允许金融机构同时兼营银行业务、证券业务、保险业务;狭义的业务限制指是否允许采取某种具体类型的金融工具,如是否允许吸纳存款发放贷款、是否允许进行外债外汇交易、是否允许参与金融衍生品交易等。实行市场准入监管是为了防止不合格的金融机构进入金融市场,保持金融市场主体的有序性。

---

① 地域限制比较多的是一国对于外资金融机构的地域限制,其主要目的是保护国内金融业免于受到过于激烈的冲击,与本书讨论的问题有所差异,故不涉及。

业务经营监管。市场准入监管通过严格的条件审核和准入控制,将不合格的金融机构阻挡在市场之外,是防范金融风险的重要防火墙,但仅有市场准入制度是远远不够的。大量的金融风险往往是在金融机构日常业务经营过程中形成的,因此,金融机构业务经营的合规监管和风险监管成为金融监管的重要环节。业务合规监管,是指监管金融机构开展业务活动是否符合监管当局的法律、法规的规定。包括金融机构在具体业务经营活动中是否存在如虚假宣传欺骗或误导客户,损害客户利益,或者对其他竞争对手进行歪曲、诋毁,损害竞争对手信誉的不正当竞争行为;金融机构的信息披露是否符合法定要求,是否存在提供虚假的或者隐瞒重要事实的报表、报告等文件、资料的情形;金融机构及其分支机构的设立、变更及其业务范围的变更、新的金融商品的开发、高级管理人员的任命等是否符合法律规定的条件和程序。金融机构在经营过程中所产生的风险,包括信用风险、市场风险、利率风险、流动性风险、操作风险、法律风险、信誉风险等严重威胁着金融市场的稳定。金融监管机构需要了解这些风险并确保能妥善测量和管理风险,并据此对金融机构的风险管理情况进行监督。以银行业为例,我国有关法律、行政法规和监管规章,都对银行业金融机构的审慎经营提出了要求并确定了具体的规则,内容涉及风险管理、内部控制、资本充足率、资产质量、损失准备金、风险集中、关联交易、资产流动性等内容。

市场退出监管。在现代金融市场上,严格的金融监管并不能完全消除金融机构步入困境的可能性。特别是在金融企业经营失败的情况下,金融企业能否稳妥地退出市场,直接关系社会公众利益。为了更好地保护利益相关者的整体利益,降低金融企业经营失败对社会造成的冲击和震荡,需要建立完善的金融企业退出机制。巴塞尔核心原则规定,银行监管者需要在银行未能满足审慎要求或当存款人安全受到威胁时,采取及时的纠正措施。从国际实践来看,各国都比较注重市场退出监管。我国也建立了相应的市场退出机制,我国《中国人民银行法》《商业银行法》《保险法》等法律在市场退出监管方面作出了规定,对如金融企业的接管、终止、解散、破产等问题进行了原则性规定。①

(三)金融市场逐利性缺陷的矫正——发展扶持性金融

金融市场主体关注的是经济利益,并往往重视眼前可实现的利益。对于眼前赢利低、无利可图甚至亏本的项目,或者投资周期长、风险大的行业,他们往往不愿意投资。以农业为例,农业是国民经济的基础,与国计民生密切相关。但农业又是一个既存在市场风险又面临自然风险的天生的弱质产业,农业贷款周期长、风险大、利润低,金融机构因此不愿意开展与农业相关的金融业务,市场调节机制发挥不了作用。农业、农村、农民得不到金融支持,农业发展缓慢,直接制约了国民经济的协调发展。

"一个国家没有必要将竞争市场的结果作为既定的和不可更改的事实接受下来。"②针对上述情况,各国普遍采用的做法是发展扶持性金融,成立政策性金融机构,专门对这些项目进行融资,以便缓解市场机制所造成的金融资源分配不公。各国专家学者一致公认,在市场经济国家的金融体制中,政策性金融是商业性金融机构必要和有益的补充,旨在弥补商业性金融的失灵,贯彻、配合国家特定的社会经济政策。政策性金融机构一般由政府创立、参股或保证,不以营利为目的,而以追求社会整体利益、社会效益为依归。政策性金融机构开展的特殊性资金融通活动,包括一切规范意义上的政策性贷款和带有特定政策性意向的存款(如住房储蓄、社会保障保险存款)、地区开发、农业、住房业、进出口贸易、中小企业扶持、经济技术开发等基础部门或领域。政策性金融具有财政"无偿拨付"和金融"有偿借贷"的双重性机制,是二者的有机结合,而不是简单加总。"无偿拨付"的财政性,表现在政策性金融的非营利性、对贷款的低息或无息的贴补性以及对某些风险的"硬担保性";"有偿借贷"的金融性,则表现在政策性金融资金使用的有偿性和效益性上。

政策性金融的特有功能体现在以下两个方面:一方面,它配合一个国家不同时期、不同发展阶段政策目标的侧重点,通过其特有的金融活动进行经济调

---

① 徐孟洲等:《金融监管法研究》,中国法制出版社2008年版,第50~51页。

② 王全兴:《经济法基础理论专题研究》,中国检察出版社2003年版,第79~83页。

节或管理，弥补市场机制之不足，以此来完善一国的宏观经济资源配置调节体系与功能；另一方面，又纠正商业性金融选择中的某些偏差，补充商业性金融机制作用中的某些缺陷和不足，通过资源配置的经济与产业结构调整实现资源配置的经济有效性和社会合理性目标的统一，进而实现经济与社会的长期协调、均衡、稳定发展与进步，即经济可持续发展和金融可持续发展。

从某种意义上可以说，政策性金融是财政与金融、行政与市场、宏观与微观、直接管理与间接管理、看得见的手与看不见的手、有偿与无偿的巧妙结合体。它作为政府资源配置的手段之一，以贯彻政府政策或意图为主要追求而不是以营利为目标，在主要实现社会合理性的同时，实现某种程度的经济有效性，实现二者优势互补以及经济金融运行的协调与均衡。①

三、金融资源市场配置与国家调节的配合

在金融资源配置的过程中，市场配置与国家调节不是相互对立而是相辅相成，唇齿相依的。承认市场是配置金融资源最为重要的主体是国家调节的前提。不承认市场主体的自由，不尊重市场规律，企图完全依靠国家机关利用指令性计划实现金融资源有效合理的配置是不可能的。同时，没有国家的适当调节和政府的准确介入，也不可能有真正的市场主体自由和市场经济秩序。没有政府的干预，市场经济就会蜕变成“洪水猛兽”，最终就没有市场经济。

正因如此，即使是激进的自由主义经济学家，现在也不主张将政府完全排除在市场经济活动之外，而是强调市场与政府在金融资源配置过程中的合理分工与有效配合。

（一）金融资源配置中“国家”与“市场”的具体指向

1. 国家：中央政府还是地方政府？

一般认为，国家是一个比较抽象的概念，在不同语境中具有不同的含义，如地理意义的国家（Coutry）、民族意义的国家（Nation）和政治意义的国家

---

① 刘刚、郭翠荣编著：《各国金融体制比较》（第2版），中国金融出版社2008年版，第261页。

(State)。人们所谓的国家调节干预及诸多国家行为,在许多场合中其实是通过国家政权的下位行政系统——政府来实施的。[①] 研究金融资源配置中的国家作用,自然就有必要先界定"国家"的具体指向,是指中央政府、地方政府,还是两者兼有?

解决这一问题的关键,是要明确中央和地方的职权划分。在中央与地方的权力划分关系中,其内容主要有事权、财权、责任的划分,其中,事权划分是基础,财权和责任划分应当与事权划分相对应。事权划分的主要依据是不同层次的公共物品、准公共物品的受益范围。一般来说,受益面及于全国的公共物品、准公共物品,应当由中央政府提供,提供这种公共物品的事权就划分给中央政府;受益面及于某地方的公共物品,则应当由该地方政府提供,提供这种公共物品的事权划给该地方政府。

金融资源具有准公共物品的特性,无论是金融调控、金融监管还是政策性金融,都是惠及全国的政府行为。它客观上要求配置主体必须站到全国金融资源配置的高度,反映金融市场运行的要求,具备制定克服金融市场失灵的制度及政策的能力,而唯有中央政府才能担当此任。因此,国家调节金融资源配置的权力必须集中于中央。在具体的金融调控、金融监管实践中,涉及各地区政策差异化的部分,可考虑将相关权力适度下放。

2. 市场:仅是金融机构还是包括其他?

金融资源配置的市场主体,包括商业性金融机构、企业、其他经济组织和个人。在基础性金融资源配置方面,商业性金融机构是最为重要的配置者。企业、其他经济组织和个人对基础性金融资源的配置主要体现在如何把货币资源转化为资本,从而用于投资或如何提高货币资源的利用效率。相对于商业性金融机构,其作用范围有限。在机构性金融资源配置方面,商业性金融机构、企业、其他经济组织和个人在符合法律规定的条件下,可以依法出资设立各种类型的金融机构。需要强调的是,无论商业性金融机构、企业、其他经济

---

① 李昌麒:《经济法——国家干预经济的基本法律形式》,四川人民出版社 1995 年版;吕忠梅、陈虹:《经济法原论》(第 2 版),法律出版社 2008 年版,第 5 页。

组织和个人的出资份额多少,所有权性质如何,其作为出资人的机会应该是平等的,其法律地位也应当是平等的。在金融商品资源配置方面,商业性金融机构是唯一的配置主体。商业性金融机构是各类金融产品的设计者和推广者。

(二)金融资源配置中国家与市场的理想分工

1. 货币资源与资本资源的配置

商业性金融机构的特殊性在于:一方面,当商业性金融机构想尽办法从社会获取资本资源时,它的身份是资源的需求者;另一方面,当商业性金融机构为获取利润向不同行业、不同地区、不同需求者投放资金时,它的身份就变成金融资源的配置者,它在经营目标、业务范围、规章制度、行业规程等方面的不同选择,直接决定了资本资源在社会中的不同配置方案,而这会带来截然不同的配置效果。金融机构在货币资源与资本资源的配置中的理想状态,是根据市场的需求,依据价值规律进行。这至少包含以下两层含义:(1)进行货币资源与资本资源配置的商业性金融机构,是真正市场化的主体,独立经营,独立决策,独立承担盈亏后果,不受不当干预,也不受过度保护;(2)配置货币资源与资本资源是依照市场价格进行的,而不是行政定价。

国家在货币资源与资本资源配置层面的作用,在于负责金融宏观调控目标的制定和执行,通过运用不同的货币政策工具(主要包括存款准备金、再贴现、再贷款、公开市场操作等)调控金融市场上的货币资源的供应量;通过产业政策(包括扶持性产业政策、限制性产业政策)引导资本资源的市场流向。

2. 机构性金融资源的配置

商业性金融机构、企业、其他经济组织、个人可以根据金融市场对金融服务提供者类型、业务、规模的需求,在法律和国家政策规定的范围内,自主地设立金融机构及其分支机构。其设立与否、业务范围如何、规模大小的决定权掌握在设立人手里,不受国家意志的不当干预。

国家则可以通过调整金融机构类型、地域分布、控制所有权结构、治理结构、市场准入标准、限定业务范围定等手段对机构性金融资源进行配置。国家在机构性金融资源配置中的作用,还体现为通过发展扶持性金融机构,弥补商业性金融机构的逐利性不足。

3. 金融商品资源的配置

商业性金融机构根据金融市场中资源需求者的不同,需要设计开发出差异化的金融产品,从而成为金融商品资源的配置主体。从历史的经验来看,金融商品资源的开发是金融领域最为活跃的变革性因素,也正是它的活跃,不断向理论创新与体制创新始终滞后的金融领域提出挑战,使金融领域始终成为新技术的首要实践者,推动着金融领域的体制和业务的不断创新。所以,金融商品资源的开发是商业性金融机构以及其他金融机构最有用武之地的领域。

国家可以通过限定金融机构新开发的金融商品的种类、程序,甚至在某些情况下限定金融商品的价格,实现对金融商品资源的配置。

第二章　金融资源配置公平与金融法传统价值的更新

第一节　金融资源配置公平界定的理论铺垫——资源分配公平

一、资源分配公平的代表性观点

公平,是人类的恒久追求,是政治社会中所有价值体系追求的一个最高目标。但关于公平的含义,却始终没有统一的定论,仁者见仁,智者见智。事实上,由于"公平是一个运用极为广泛而内涵极其复杂的概念,以至于人们在使用它时不得不添加一些定语以区别不同意义上的公平"。[①] 因此,古今中外的学者很少抽象地谈"公平",而是把公平放在一定的研究框架下,结合具体的问题赋予公平特定的含义。针对"资源在全体社会成员间如何分配才能达到公平",本书筛选了几种有代表性的观点,试图对这些观点的核心思想进行简要说明。理解这些观点,有助于了解公平

---

① 郑也夫:《代价论:一个社会学的新视角》,生活·读书·新知三联书店1995年版,第11页。

的含义、标准，也有助于公平概念在金融资源配置领域的延伸。

（一）功利主义的资源公平分配

功利主义英文为“utilitarianism”，又译为功用主义或乐利主义，是一种以实际功效或利益作为道德标准的伦理学说。这一学说从人的趋乐避苦、追求幸福的本性出发，认为所有能增进当事人快乐的行为，在道德上称为“善”，在政治上称为“公平”，在法律上称为“权利”。最大多数人的最大幸福，才是社会的幸福，才是法律公平正义的体现。

功利主义的代表人物西季维克认为：“如果一个社会的主要制度被安排的能够达到总计所有属于它的个人能满足的最大净余额时，那么这个社会就是被正确地组织的，因而也是正义的。”①也就是说，只要社会制度在总体上“为最大多数人追求最大幸福”，即使其以牺牲了一小部分人的利益为代价，也被认为是正义的。“原则上没有理由否认可用一些人的较大得益补偿另一些人的较少损失，或更严重些，可以为了使多数人分享较大利益而剥夺少数人的自由。”②在这里，人不仅作为目的而且还是手段，即在为了人自身的利益时，人是目的；当“用一些人较高的生活前景来平衡另一些较不利者的较低生活前景”③时，人就成了手段。由此，功利主义关注的是整体利益的满足而忽视个体的存在，甚至允许以社会整体利益之名可以牺牲和侵犯最少数人的平等自由权利。

功利主义相对于通过强权和暴力掠夺财富来说，无疑是人类公平观的进步。但功利主义以无情的效率创造财富，过分强调效果、利益的最大化。侧重利益的“总量”，而忽视利益的分配；对依靠不正当手段获取资源持宽容态度，对事实上的分配不公却视而不见。如此以往，就不可避免地导致一部分人的最大利益的实现，建立在对于另一部分人利益的牺牲之上。④

---

① 汪尊鑫：《公平正义的两个维度及其当代价值》，中共中央党校2010年硕士学位论文。

② ［美］约翰·罗尔斯：《正义论》，何怀宏等译，中国社会科学出版社1988年版，第23页。

③ 同上书，第181页。

④ 单飞跃等：《社会分配的公平考察——经济法的理念与制度分析视角》，载王全兴主编：《经济法前沿问题研究》，中国检查出版社2004年版，第135页。

（二）罗尔斯的“公平的正义”

美国哲学家、伦理学家罗尔斯（John Rawls）是新自然法学派的重要代表人物，他在1971年出版的《正义论》被公认为是第二次世界大战后伦理学、政治哲学领域最重要的理论著作。他阐述的“公平的正义观”具有划时代的意义，在他看来，正义就是公平，正义是通过社会基本结构和制度的安排达到的平等。

罗尔斯在《正义论》中提出了关于正义的两个原则：第一个正义原则，即平等自由原则。“每个人对与其他人所拥有的最广泛的基本自由体系相容的类似自由体系都应有一种平等的权利。”①第二个正义原则，包括差别原则和机会平等原则，社会和经济的不平等应这样安排，使它们被合理地期望适合于每一个人的利益；并且依系于地位和职务向所有人开放。② 这两个原则阐明了罗尔斯在公民的政治权利和经济利益分配上的基本态度，第一个原则，强调的是每个人在社会中都应拥有与他人同样的平等的基本自由权利。第二个原则，涉及的则是公民除自由平等外的其他非基本权利包括权力、财产、收入等的分配。

罗尔斯认为，在经济和社会福利领域可以存在不平等，但这种不平等必须是建立在机会公正平等、地位和职位开放的基础上的。而且，对于这种人与人之间的不平等，不能听之任之。相反，需要关注每个人的利益，尤其是要关注最不利者的期望，需要通过制度设计从社会中甄别出最少受惠者，对先天不利者给予适当的倾斜和照顾，使社会不幸者的生活条件得到最大限度的改善，逐步缩小社会的不平等。也就是说，如果不得不产生某种不平等的话，这种不平等应该有利于境遇最差的人们的最大利益，利益分配应该向处于不利地位的人们倾斜。要照顾到社会最不利者的利益，任何不平等的利益分配都要符合最少受惠者的最大利益。“所有社会价值——自由和机会、收入和财富、自尊

---

① ［美］罗纳德·德沃金：《至上的美德——平等的理论与实践》，江苏人民出版社2003年版，第68页。

② ［美］约翰·罗尔斯：《正义论》，何怀宏等译，中国社会科学出版社1988年版，第61页。

的基础都要平等地分配，除非对其中的一种价值或所有价值的一种不平等分配合乎每一个人的利益。”①这样的分配才是平等的，公平的分配。

（三）德沃金的资源平等论

罗纳德·德沃金（Ronald Dworkin）是美国著名的法哲学家，他一直关注着社会弱势群体的权利保障及改善，是纠正歧视性行动等社会政策的积极推动者，他的法哲学思想体系中渗透着理想主义者特有的对人权的关爱及对现实的批判精神。20 世纪 80 年代，德沃金先生在“权利论”的基础上提出了“资源平等”（equality of resources）思想，要求“政府致力于某种形式的物质平等”，产生了重大影响。

德沃金将资源分为人格资源（personal resources）和非人格资源（impersonal resources）：人格资源包括个人的身体健康状况、体格、技能（主要是人的生理能力和精神能力）等，其他一切可以私人占有和转让的财产、生产资料和合法机会都是非人格资源。根据德沃金的界定，资源平等就是“在个人私有的无论什么资源方面的平等”。他提出了“妒忌检验”（envy test）作为对资源平等分配的检验标准，即任何一种资源一旦分配完成，如果有人宁愿选择别人分到的那份资源而不要自己那份，则资源的分配就是不平等的。所以德沃金要追求的资源平等不是资源的平均分配，不是每个人都必须得到数量等同的资源，而是每个人都拥有自己想要得到的东西，每个人都过上了自己想要过的生活。

德沃金认为，国家在经济分配中所扮演的重要角色，就是最大限度地实现经济上的平等。“平等的关切是政治社会至上的美德——没有这种美德的政府，只能是专制的政府。”“平等的关切要求政府采用这样的法律或政策，它们保证在政府所能做到的范围内，公民的命运不受他们的其他条件——他们的经济背景、性别、种族、特殊技能或不利条件的影响。”②

德沃金认同罗尔斯提出的平等原则，同时也强调分配正义应该尽最大努

---

① ［美］约翰·罗尔斯：《正义论》，何怀宏等译，中国社会科学出版社 1988 年版，第 62 页。

② ［美］罗纳德·德沃金：《至上的美德》，冯克利译，江苏人民出版社 2003 年版，第 1 页。

力消除在社会环境和个人境况方面的不平等。但德沃金反对差别原则。他认为,当收入的不平等是自由选择的结果而非境况左右的结果时,企图消除不公平的差别原则反而会制造不公平。所以,对个人自由选择而导致的不平等应该有区别地对待,这是罗尔斯所没有讨论的。

二、资源分配公平代表性观点的启示

功利主义公平观、资源平等论、罗尔斯的公平正义观虽然观点有所差异,但都涉及了以下几个共同的问题:在社会成员的多数与少数利益冲突的情况下,如何取舍才能达致资源分配的公平?在资源分配的过程中,需不需要政府?政府的作用是什么?从上面的梳理中可以看出答案截然不同,即功利主义公平观主张的是,忽视少数人的利益是合乎情理的,只要资源、财富的分配在总体上增进了社会的福利,就算有一小部分人的利益受损也是公平的。这实际上是以多数人利益的名义,限制甚至剥夺少数人应该享有的权利,本质上是有失公平的。忽视社会弱者群体,忽视社会成员之间的种种不合理的差距,这是对真正平等的背离,不利于社会的协调发展。

资源平等论与公平正义观则持相反的观点。资源平等论认为,每一个社会成员获取资源的机会是均等的,市场竞争带来的资源分配不公必须得到纠正。应该说,从功利主义的部分人资源平等到全部社会成员的资源平等,是一个重大的进步。但资源平等论主张根据人的性格、信念、偏好、动机、嗜好或者抱负的不同,赋予其想要的资源,这种"平等"明显过于理想主义,"妒忌检验"标准也过于主观,所以"个人私有的无论什么资源方面的平等",实际上是无法实现的,对于必然出现的不平等,资源平等论并没有给出可行的解决办法。

本书认同罗尔斯的"公平正义观"。受他的启发,本书其后的写作建立在以下认识的基础之上。

(一)启示之一:分配差别的认承与区别对待

罗尔斯承认社会成员在权力、地位、收入和财产分配等方面无法做到完全的平等,不平等是客观存在的。"要实现平等待人,我们并不能消除一切不平等,而只是消除那些使某些人受损的不平等。"[①]对于不得已出现又使部分人受损的不平等,可以通过差别原则解决,因为差别原则包含着互惠性理念,每个人在这个广泛的公平的合作体系中,都可以得到益处。可以通过制定特别的制度对先天不利者给予适当的倾斜和照顾,保障那些获益较少的公民获得更多的权益与发展机会,从而达到真正意义上的社会公平。

本书认为,罗尔斯对差别的承认更接近现实世界的真相。在现实经济、社会生活中,即使每一个社会成员都有同等机会参与经济、社会活动,并遵守同样的规则,但是由于个体的能力不同,机会不同和主观努力程度不同,经过竞争机制的作用,还是必然会产生资源、利益获取上的差异。公平并不是否认存在差别,而是在承认差别存在的基础上通过特定制度的设计实现公平。

(二)启示之二:公平分配中国家必不可少

在资源分配的过程中,市场和国家都必不可少。一方面,市场在资源分配的过程中起到了基础性作用,市场是最方便、最灵活、效率最高的资源分配方式;另一方面,国家在资源分配的过程中也必不可少,对于社会整体利益的实现至关重要。罗尔斯细致地构想了政府在消除资源分配不平等中的作用,他认为要保障资源分配公平的实现,政府要从以下三个方面作出努力:首先,政府应在一部正义宪法的规范下构建社会的基本结构,政府应该在环境允许的条件下,尽量推行民主的政治制度,以保障公民的平等和自由。其次,存在一个保障实质的而不是形式的机会平等的社会环境。政府通过教育政策来保证具有类似天赋的人都有平等的受教育的机会,在经济活动和职业选择中,政府也执行机会均等的政策。最后,政府确保一种社会最低受惠值,通过各种方式来保障最少受惠者的利益。[②] 民主政治制度的构建与实质公平社会环境的营造,是资源公平分配必不可少的外部条件。由于学科所限,本书不予讨论,下文着重从法律的角度探讨国家为保证金融资源配置公平,应进行哪些层面的

---

① [加]威尔·金里卡:《当代政治哲学》,刘莘译,上海三联书店2004年版,第103页。

② 孟庆瑜:《分配关系的法律调整——基于经济法的研究视野》,法律出版社2005年版,第57页。

法律制度构建。

第二节　金融资源配置公平的基本意涵

金融领域同样存在资源配置的公平性问题,而且由于金融资源的重要性与稀缺性,导致公平配置问题在金融领域显得更为突出。以往对金融资源配置的研究,多集中在如何提高配置效率的问题上。出于对效率的推崇,资源的分配倾向于竞争中的强者被认为是完全合理的。但从长远来看,由于金融资源配置的不均衡,缺乏地域公平、行业公平、群体公平,以致资源利用的长期效率也是不可能实现的。提出金融资源配置公平的目的,就是试图克服这种功利主义和实用主义伦理观念的局限,使金融资源配置的目标从效率拓展到公平。当然,对于不同的主体,公平的含义会有所不同。

一、金融资源配置公平的基本含义

(一)金融资源配置者层面

1. 对于市场主体而言,体现为机会公平与竞争公平

(1)机会公平

对机构性金融资源的配置主体——商业性金融机构、企业、其他经济组织、个人而言,首先必须获取主体资格,即在市场准入阶段被公平对待才有可能谈到竞争公平与结果公平,如果机会不公平,则竞争公平、结果公平就会流于口号和形式。机会公平虽然不一定必然导致结果公平,但没有机会公平就必定没有结果公平。因此,机会公平是实现公平的首要前提。

机会公平指的是设立金融机构的机会同时向所有的出资者开放,除了这种活动本身所必然需要的条件外,没有任何其他附加条件加以阻止。这意味着在设立金融机构时,出资人不因非公有制的身份受到歧视和限制而具有平等进入金融领域的权利。在符合法律规定条件的情况下,有权设立金融机构,从事金融活动,凭借其自身的能力按共同认可的规则进行竞争,从而获得其相

应的回报。有了机会公平,现在处于非法状态的民间金融,才有可能拥有平等参与金融活动的权利。

(2)竞争公平

竞争公平是指金融机构在进行市场竞争的过程中遵循相同的竞争规则,并受相同市场秩序的约束。这种公平性表现在以下几个方面:一是参与市场竞争的金融机构,不考虑规模、所有制形式、地域上的差别,具有平等的法律地位;二是金融机构遵守相同的竞争规则,在享有同等权利和承担同等义务的条件下展开竞争,竞争规则不因金融机构的差异而有所差别;三是金融机构间竞争的核心应该是各机构提供的金融服务质量高低,而不是各个机构获得的国家保护的多少。金融机构应该依靠高质量的金融服务争取优势地位,而不是依靠国家的过度保护获取垄断地位。金融机构竞争核心的明确可以使竞争成为可预期、可信任、有理性的行为。

2. 对于国家而言,体现为规则制定的公平和结果公平

(1)规则制定的公平

规则公平也可以称为制度公平、环境公平,是指规则的制定者必须秉持公正不偏的态度,平等地对待各类金融市场参与者,特别是公平地对待不同所有制性质的金融机构。

金融机构的客观能力是不相同的,但法律赋予其行使客观能力的资格与前提必须是平等的,尤其是不同所有制的出资人应该具有同等的进入金融市场的资格,不能因资产成分而异。也就是说,国家制定行业准入的标准,应该主要考虑行业要求的资本、人员、组织机构、办公场所等条件,而不是出资人的所有制身份。

规则公平还要求规则制定者为各类金融机构设立公平竞争的规则,使其受同样的行为规范的约束,在同一起跑线上进行竞争。不应过分排斥非国有经济成分进入金融领域,不应给予符合其意图的国有金融机构过多的保护。

(2)结果公平

实践中,不同地区、不同产业、不同群体获取金融资源的机会、能力有显著差异,如果国家对这些先天性不平等的现象视而不见,依然对所有人一视同

仁,只能使“不平等变得天经地义,甚至加剧这种不平等”。[①] 结果公平,正是为矫正这种不平等而生的。国家应站在维护社会公平的角度,采用适当的差别待遇对在金融资源获取过程中处于不利地位的人予以一定补偿或救济,以实现大体公平。

所谓适当的差别待遇,是指在公平赋权的基础上,依据不同市场主体的能力差异,给予其鼓励或者限制的差别对待。公平赋权基础上的差别待遇,强调对强势群体的适度限制和对弱势群体的倾斜性保护,这有利于矫正形式公平名义下造成的实质不平等,避免了法律公平观念理解的僵化,为实质公平的实现奠定了基础。适当差别待遇规则的运用应考虑以下因素:“即有利于调动不利者的积极性,使其看到通过自身努力达到目标的可能性,又不至于过于平等到使人们缺乏竞争的动力。”

结果公平在认同资源获取能力差异具有合理性的同时,也追求社会意义上的公平。可以说是以不平等追求公平,立足于部分地域、行业、群体的不平等而追求整体平等。

(二)金融资源需求者层面

金融资源配置公平,在金融资源需求者层面体现为发展公平。金融资源的需求者存在于不同的地区、不同的行业、不同的群体之中。在一国范围内,不同地区之间的地理位置、自然资源、生态环境,不同群体间的财产、身份、地位、能力以及不同产业的定位、作用等因素的差异,在优胜劣汰的市场竞争中将直接转为市场参与者金融资源竞争能力的差异,并因此导致金融资源的非均衡配置,从而影响经济的协调发展。另外,在某些特殊历史时期,国家为了实现特定目的会专门制定一些政策或法律来照顾某些地区、行业、群体,这就进一步加剧了金融资源配置的不公平。金融资源在某个地区、行业、群体过度集中,会遏制其他地区、行业、群体的发展,引发恶性循环。

面对已经存在的金融资源配置非均衡现状,发展公平的提出很是必要。

---

① [美]彼德·斯坦等:《西方社会的法律价值》,王献平等译,中国人民大学出版社1990年版,第84页。

发展公平是指一切有金融需求的地区和社会群体，包括落后地区、贫困群体、弱势行业作为整个社会的组成部分，都是金融体系的服务对象，都有平等获取金融资源的权利。发达地区、富裕群体、优势行业金融资源的获取不应以减少甚至牺牲其他区域、群体、行业的发展为代价，发展公平追求的是平衡、协调、可持续的发展。

只有将包括贫困群体、落后地区、弱势行业在内的金融需求者都纳入金融资源配置的视野，才能使过去被排斥于金融服务之外的大规模弱势客户群体获益，才能使社会中的绝大多数人，包括过去难以到达的更贫困和更偏远地区的客户的金融需求有机会得到满足，才能有实现社会协调发展的可能。

二、金融资源配置公平追求社会整体利益[①]

金融资源配置公平追求的不是私法意义上的私人利益，因为那种私人利益本质上是一种利己性的、特殊性的私人利益，归根结底是极少数市场优胜者的利益；金融资源配置公平追求的也不是政府利益，因为政府利益是一种抽象性的、政治的、再分配的、中介性的、未必公共性的利益；金融资源配置公平追求的是社会整体利益，这种利益是普遍性的、终极性的、全局性的、公共性的利益，社会整体利益本质上是社会成员所普遍享有的利益。

所谓追求社会整体利益，是指金融资源的公平配置，不仅追求社会整体的财富、资源总额平稳协调的增长，而且还追求全社会都能公平地分享资源、财富的增长。这里需要说明以下几点：

---

① 关于社会整体利益、社会公共利益和社会利益，在我国无论是立法方面还是学术研究方面都存在混用的现象，认为无论是社会公共利益、社会利益，还是社会整体利益都是同一种利益，即社会整体利益，但这种混用本身体现出我们的法学理论早期使用概念的随意性，因为从词义意义上来理解三个不同的用语，我们仍然可以认为这三者的含义有所不同，尽管这种区别相当细微，但我们认为依据对“公共”与“整体”的不同解释，社会公共利益与社会整体利益的内涵并不完全重合，而社会利益也不是在任何情况下都是指社会整体利益。参见冯果、万江：《求经世之道　思济民之法——经济法之社会整体利益观诠释》，载《法学评论》2004 年第 3 期。

(一)金融资源配置公平反映的是全社会的利益诉求

社会①作为独立于国家的存在,有自己的利益诉求,这种诉求主要是对文明状态的渴望与需要,“是包含在文明社会中并基于这种生活的地位而提出的各种要求、需要或愿望”。② 具体体现在:经济秩序的健康、安全及效率化;公共秩序的和平与安全;社会资源与机会的合理保存与利用;社会弱者利益的保障;公共道德的维护;人类朝文明方向发展的条件等各个方面。③ 其中,社会资源与机会的利用与公平分享是社会的一个重要的诉求。

一方面,社会追求资源、财富总量的增加,只有总量增加,全社会才有分享的前提和可能;另一方面,资源总量增进的同时必须合理公平的配置,使全社会包括不同的群体、不同的阶层、不同的区域都能普遍地分享因社会资源总量增加带来的福利增进。社会的这种利益诉求在金融资源配置领域也有所体现,这就是要求金融资源配置的公平。

虽然社会整体利益通常要借助国家来实现和维护,国家是社会整体利益实现的重要渠道和保障,但社会整体利益不同于国家利益,更不能用国家利益替代社会整体利益。国家更愿意将金融机构设定为国有,也更愿意将金融资源更多地配置给国有经济体,这虽然促使国有经济能够快速发展壮大,充分实现了国家利益,但国有经济体以外的多种经济形式的金融资源需求无法得到满足,社会的利益诉求没有充分实现。

(二)金融资源配置公平追求的是整体性、普遍性的利益

金融资源配置公平追求的不是部分的、个体的利益,而是整体的、普遍的利益。在金融资源配置的过程中,无论是市场主体还是政府主体,都有追求部分、个体利益的冲动。市场主体为了最大限度地获取利润,愿意将更多的货币

---

① 社会的范围相当广泛,可以是指某个范围当中的一切联系,其广泛的程度取决于我们选取的范畴,它可以是一个区域内的所有公民,一个国家,乃至整个人类世界,其涉及的范围越广泛,整体利益的抽象性、模糊性和不确定性就越明显。本书中的社会专指一个主权控制范围内的社会。

② [美]罗·庞德:《通过法律的社会控制——法律的任务》,沈宗灵、董世忠译,商务印书馆1984年版,第37页。

③ 孙笑侠:《法的现象与观念》,山东人民出版社2003年版,第67页。

资本投向利润率高的行业、地区、群体，公平不在它考虑的范围之内；政府主体出于掌控更多资源的需要，愿意优先考虑合意经济体的金融需求，公平往往不是首先要考虑的目标。

这两种力量交互作用的结果就是一个社会的金融资源总量虽然也在不断增加，但这种增加却没有惠及全社会，甚至还以部分地区、部分成员的利益受损为代价，这种非均衡配置带来的危害，虽然在短时期内不会立即显现，并且金融资源的集中或垄断可以迅速推动经济发展。但从长远来看，当这种不均衡达到社会承受能力上限的时候，必将会损害整个社会的可持续发展，最终带来社会发展的“断裂”。因此，金融资源的配置不应只考虑到某一地区、某一群体、某一行业的部分利益，而是应该站在维护社会整体利益的立场上，考虑各种利益的协调，阻止个体以损害社会整体利益的方式获得利益，追求社会的整体发展和可持续发展。

所谓社会“整体”利益，即将社会看成一个独立的利益主体，这个社会的各个群体、行业、地区的利益要求都尽可能地被考虑到。社会整体利益不是简单地将私人利益、局部利益相加，也不是私人利益的共性提炼，而是在衡量社会的各个行业、地区、群体共同要求的基础上，依据公平正义理念由各方利益博弈形成的最终利益形态，是一种宏观上的利益考量。

金融资源的公平配置追求整体性利益，并不意味着对个体、局部利益的牺牲。实际上，个体、局部利益与社会整体利益始终是对立而统一地存在的。个体是社会的构成元素，没有个体，社会也就无法存在。在某些情形下，个体利益的增进可以促进社会整体的利益的增进，社会整体利益的增进如能够实现合理分配，则必然能够使所有个体的利益增进，因此，二者具有统一的一面。但社会整体利益与个体利益也存在对立的一面，二者之间的冲突真实存在。当二者冲突时，公平配置并不是金融资源的平均、等量的分配，而是强调站在社会整体利益的立场上，充分考虑各阶层、各群体、各地区的金融需求，赋予金融需求者公平获取金融资源的机会，赋予金融机构公平配置金融资源的机会，并在机会均等的前提下对不均衡的结果适当调整，从而实现“总量增进、公平配置”的目标。

综上，金融资源的公平配置不是为了实现某个群体、某个地区、某一行业的部分性利益，而是要实现社会整体利益。从社会整体利益的视角出发，本书试图寻找金融资源配置中市场调节与国家调节的最佳契合点，通过对市场调节与国家调节的合理分工与有效配合，从而实现资源公平配置的目标。

三、金融资源配置公平在社会利益基础上实现形式公平与实质公平的统一

（一）金融资源配置公平是形式公平

在金融配置者层面，金融机构、企业、个人兴办金融机构时的机会公平、金融机构配置基础性金融资源、金融商品资源时的竞争公平以及国家运用立法手段创造自由竞争的条件，是为了保证机会平等，而其体现的是形式公平。在金融需求者层面，各类金融需求者，无论是富有还是贫穷、发达还是落后、国有还是非国有，都有平等的发展机会以获取金融资源，金融需求者与提供者之间公平交易，体现的也是形式公平。

形式公平并不是对简单平均的恢复。形式公平意在给予每个市场主体以平等的权利，尤其是给在经济、社会地位上处于不利地位的社会成员获取金融资源的机会，使他不致由于不利的社会与经济背景处于劣势，使他们有机会处于同一起跑线上，按照自身的综合能力和努力程度进行竞争。尽管结果必然存在差异，但在机会均等条件下因公平竞争造成的金融资源配置差异，是能够被社会接受的。

（二）金融资源配置公平也是实质公平

虽然形式公平给了金融需求者同等的机会，但金融需求者的天然禀赋、知识技能、职业收入、身份地位上的差异是客观存在的，虽然大家有同样的起点，

但经过市场的优胜劣汰，强弱差异会逐渐显现，“马太效应”[①]的出现不可避免。尤其是在垄断（包括市场原因导致的垄断和行政垄断）因素的作用下，金融资源配置不均衡的情况更加明显，从机会均等、竞争公平的形式公平出发并没有必然导向实质公平。

如果社会个体由于社会、经济的不利地位而不能平等地获得金融资源，形式公平对于其就是空头支票，“就是在追求个人影响和社会地位时把较为不幸的人丢在后面”。[②] 如果一个国家听任这种情况任意蔓延，则形式公平就是“统治的幌子”。为了社会的协调发展，国家不能对这种虽从形式公平出发，但结果明显不公的社会现实视而不见。国家应当采取一定的措施，对金融资源配置严重不均衡的结果予以矫正，以实现内容和结果意义上的实质公平。

面对金融资源配置的严重不均衡，国家应该站在社会受惠最少的成员的角度考虑资源的分配，对具有较少先天禀赋的人和生来社会地位就不利的人、弱势行业、落后地区给予更多的关心。利用金融资源的倾斜性配置，即不同等条件下不同等对待，尽量使各方的利益恢复到平衡状态。

（三）社会整体利益基础上的形式公平与实质公平的统一

金融资源配置的形式公平与实质公平是统一的。一方面，形式公平是实质公平的前提和基础。没有形式公平，实质公平的实现就没有了基本的前提。缺乏形式公平，没有客观的衡量标准，实质公平就容易成为变相的平均主义。另一方面，实质公平是形式公平的延伸和对形式公平偏差的矫正。没有实质公平的衡量与纠正，形式公平就容易沦为强者巧取豪夺的借口。

---

① 马太效应（Matthew Effect），是指强者越强、弱者越弱，多的越多、少的越少的一种现象。广泛应用于社会心理学、金融等众多领域。该名字来自《圣经·马太福音》中的一则寓言。《圣经·新约》的“马太福音”第二十五章中这么说道：“凡有的，还要加给他叫他多余；没有的，连他所有的也要夺过来。”社会学家从中引申出了“马太效应”这一概念，用以描述社会生活领域中普遍存在的两极分化现象。经济学也在区域经济发展差异研究方面引入了“马太效应”的观点，认为落后地区的资源、资本会廉价地流向发达地区，落后地区的人才会流向发达地区，落后地区的制度通常又不如发达地区合理，于是循环往复，地区差异会越来越大。

② ［美］罗尔斯：《正义论》，谢廷光译，上海译文出版社1991年版，第112页。

形式公平与实质公平统一的基础，在于金融资源配置公平追求的社会整体利益。社会整体利益的实现，需要形式公平与实质公平的共同作用。形式公平给予市场参与者平等的机会，使他们可以尽其所能获取所需，个人利益的普遍化和最大化有助于社会整体利益的增进；实质公平关注市场竞争中处于不利地位的弱势群体、行业，考虑他们的所需，通过适当的扶持缩小过大差距，这有助于社会整体的协调发展。

第三节 金融资源配置公平在金融法价值中的定位

一、金融法传统价值观反思

金融资源配置的均衡与非均衡，是一个对立统一的辩证过程。均衡状态主要在微观的、局部的市场中出现，往往是偶然的、临时的、短暂的、理想的状态，并且在外力作用下很容易改变，市场很快就会从均衡状态过渡到非均衡状态。而非均衡状态是一种普遍的、本质的、客观的、常态的市场现象。[①] 金融资源配置的非均衡态势是不可避免的。金融资源配置过度的不均衡引发了诸如社会经济发展不均衡、社会收入分配差距逐步加大等不良后果，正逐渐践踏着社会的公平。这使人们不得不正视金融资源的均衡配置问题，不得不努力寻找问题的化解之道。从金融法的角度思考，金融资源配置不均衡拷问着金融法的传统价值观念，引起了人们对于金融法传统价值观的反思。

(一)金融法的传统价值观

传统金融法上，一般将金融法的价值定位为金融安全与金融效率。防范金融风险，维护金融安全，提高金融市场运行效率，促进经济较快增长，是各国

① 王修华、黄明：《金融资源空间分布规律：一个金融地理学的分析框架》，载《经济地理》2009 年第 11 期。

金融立法的共识。这样的价值目标，也得到了中国学术研究和法律制定的认可。①

金融安全(Finance Security)有宏观、中观与微观三层含义。所谓宏观金融安全，是指一国金融的整体安全；所谓中观金融安全，是指某一特定的区域内的局部金融安全；所谓微观金融安全，则是指单个金融机构的金融安全以及投资者、存款人、投保人等金融客户权益的安全。② 人们在一般意义上所指涉的金融安全，系指货币资金融通的安全和整个金融体系的稳定。作为整个经济和社会的血液，金融的安全和稳定，直接影响我国经济与社会的整体发展。如果失去了金融安全，就极有可能引起社会动荡。因此，世界各国一般均将金融安全作为金融法的重要价值目标。

一般来讲，经济学上的效率指的是投入与产出之间的比例关系。由此，"金融效率(Financial efficiency)就是指金融部门的投入与产出之间的关系。按照不同金融机构在经济中的作用，我们可以将其划分为宏观金融效率、微观金融效率和金融市场效率三种。金融宏观效率包括货币政策效率、货币量与经济成果的比例关系，金融市场化程度和金融体系动员国内储蓄上的效率等几个方面。微观金融效率指标体系主要包括金融机构的盈利水平、金融机构的资本创利水平、金融机构资产盈利水平、金融机构人均资产持有量、金融机构人均资本(一级资本)持有量、金融机构人均利润水平和金融机构(特别是银行)的资产质量。金融市场效率包括货币市场效率和证券市场效率。对金融市场效率的考察可以从市场的规模、市场的结构和市场的成熟程度多个角度来分析"。③

多数学者认为，金融安全与金融效率是金融发展的两个方面，其目的都在于通过金融资源的合理运用，服务于资金融通，服务于社会经济整体对资金融

---

① 张忠军：《论金融法的安全观》，载《中国法学》2003 年第 4 期；汪鑫编著：《金融法学》，中国政法大学出版社 2007 年版，第 17 页。《商业银行法》第 4 条规定："商业银行以安全性、流动性、效益性为经营原则，实行自主经营，自担风险，自负盈亏，自我约束。"

② 张忠军：《论金融法的安全观》，载《中国法学》2003 年第 4 期。

③ 徐懿：《金融工程和金融效率的关联性研究》，载《科技创业月刊》2004 年第 9 期。

通的需求。因此,只有兼顾金融安全与金融效率,金融业才能实现快速、稳健的发展。

(二)金融法传统价值观无法矫正金融资源配置失衡问题

应当说,上述价值目标的设计,是建立在充分认识金融市场自由发展带来的诸如金融风险累积、无序竞争、效率低下等弊端的基础上的。如果只从市场经济本身出发,则上述金融法价值设计是合理的,但如果以金融理论的最新发展与中国金融实践的特殊性进行考量,上述价值目标却会暴露出明显的偏颇和缺漏。基于发达市场国家金融法经验和理念建立起来的金融价值观,无力解决转型时期中国所面临的特殊问题。

从理论上来看,仅强调金融安全与金融效率的金融法,只关注了金融的经济属性,而忽略了金融的社会属性。近年来,一些学者认识到,在现代社会金融已经不再仅仅是单纯的符号、服务、中介,而是人类社会一切资财之源,是一种重要的社会资源。它本身具有自身配置的功能,金融资源的开发、管理、配置和使用具有相对的独立性。[①] 这种社会资源不应仅为社会中的少部分群体享有,“社会中的绝大多数人,包括过去难以到达的更贫困和更偏远地区的群体”,[②]也应有机会分享金融资源,应有机会得到基本的金融服务。金融的这种资源属性使金融法的价值选择不应仅考虑效率与安全的平衡,还应关注金融资源配置的优化与金融资源的公平分享。

从实践上来看,上述目标设计存在一个明显的漏弊,缺乏对中国现实的关注,没有充分考虑中国不同于其他国家的特殊国情——城乡之间、不同所有制经济体之间金融资源配置的严重失衡,这种国情是中国金融法价值设计绕不开的背景。这种特殊国情要求金融法不仅要解决一般的金融市场失灵问题,也要着力解决中国特有的由于历史与体制原因造成的金融资源配置失衡问题。

---

① 白钦先:《论以金融资源学说为基础的金融可持续发展理论与战略——兼论传统金融观到现代金融观的变迁》,载《广东商学院学报》2003 年第 5 期。

② 杜晓山:《建立普惠制金融体制》,载《中国金融家》2009 年第 1 期。

（三）金融资源配置公平是金融法必不可少的价值之一

可以说，中国已有的金融法价值目标设计在一定程度上脱离了中国的金融实践，已有的“金融安全与金融效率”的二元价值观，在矫正金融资源配置失衡问题时束手无策。为了实现金融资源的均衡配置，金融法的传统价值观有必要进行更新和拓展，不仅应定位于安全的维护和效率的促进，还应定位于失衡的匡正与公平的实现。金融资源配置公平是金融法必不可少的价值之一。

金融法的价值更新，对于解决中国金融资源配置严重不均衡的问题有特别重要的意义。只有首先在理念上意识到金融资源均衡配置的重要性，将金融资源配置公平提升到金融法的基本价值层面，才能立足于此进行金融法制的结构性变革，问题也才有根本解决的可能。

二、金融资源配置公平在中国金融法价值中的定位

近年来，随着我国二元经济结构日益凸显和贫富差距日渐扩大，学者们发现基于发达市场国家金融发展经验而创设和移植的兼顾金融安全与金融效率的价值观，已经无法完全指导中国的金融实践了，金融法的价值也需要更新。

（一）有关金融法价值的最新探讨

1. 金融安全、金融效率和消费者保护的“三足定理”

有学者认为，传统金融法将金融法的价值定位为金融效率与金融安全，但决策者很难把握二者之间的安排何为“适度”，因此一直在金融效率与金融安全之间徘徊。为处理好二者关系，需要进行金融法价值的更新。应该在金融安全与金融效率的基础上，再加上一个“消费者保护”，形成等边三角形。金融安全、金融效率和消费者保护成为这个等边三角形的三个“足”，这就是“三足定理”。[①] 应当说，“三足定理”的提出为金融价值的更新提供了一条新思路，将金融消费者保护作为平衡金融安全与金融效率的具体参照指标，使二者

---

① 邢会强：《金融危机治乱循环与金融法的改进路径——金融法中“三足定理”的提出》，载《法学评论》2010 年第 5 期。

间的平衡更具可靠性；将几何学中的三角形借鉴到金融法价值研究中，构建了金融安全、金融效率和消费者保护“三足鼎立”的模型，实现了金融法理论研究上的突破，其意义毋庸赘言。

2. 金融安全、金融效率和金融公平的“三足定理”

有学者认为，目前我国金融市场面临着诸多问题与挑战，既有各个市场经济国家都要求解决的加强金融监管、维护金融安全与维持金融运行效率之间如何平衡的难题，也有中国金融市场发育不均衡，金融资源在行业、地区之间配置失衡，社会财富分配不公等问题。我国当前金融市场的发展形势，要求我国金融法制的变革应该肩负以下三个使命：平衡金融安全与金融效率，调节社会财富分配，优化金融资源配置。金融法制变革的三个任务，要求对传统金融法的价值目标进行拓展，即金融法的价值体现为“金融安全、金融效率和金融公平”。①

客观而言，将“金融消费者保护”替换为“金融公平”，使“三足定理”提升到了一个新的理论高度。因为金融消费者权利保护虽然关注了对金融市场交易中处于相对弱势地位的金融消费者的保护以及市场安全和效率等经济上的问题，但却忽视了金融市场对于调节社会收入分配的影响和优化金融资源配置等社会问题，强调了金融市场的经济功能，忽视了金融市场对于财富再分配和收入差距调节的社会功能。并且消费者保护作为金融法的基本价值明显只能适用于金融监管法领域，无法适用于金融组织法和金融交易法，其适用范围具有一定的局限性。鉴于此，本书赞同将金融法的价值定位为金融安全、金融效率和金融公平三者兼顾，认为将金融法的价值定位从“金融安全与金融效率的二元结构”拓展到“金融安全、金融效率、金融公平三者兼顾”，是探索解决中国金融实践中资源配置不均衡问题的关键性的一步。

（二）金融资源配置公平与金融公平的关系

首先，金融公平是金融资源配置公平的上位概念。“金融公平，是指在金融活动中，各类主体不因自身经济实力、所有权性质、地域和行业等因素而受

① 冯果：《金融法的“三足定理”及中国金融法制的变革》，载《法学》2011年第9期。

到差别对待,能够公平地参与金融活动,机会均等地分享金融资源,形成合理有序的金融秩序,并通过金融市场实现社会整体利益的最大化。"①金融公平的内涵是丰富全面的,包括金融资源配置公平、金融消费者权益保护、金融活动的社会责任以及确保市场公平透明和有效等方面的内容,不仅关注金融资源配置,还关注金融消费者保护与金融企业社会责任,是金融资源配置公平的上位概念。

其次,金融资源配置公平是金融公平的重要组成部分。金融公平包括以下几个方面:公平参与金融活动;公平进行金融交易;公平享受金融福利。其中,公平参与金融活动主要是指民间金融应该获得相应的法律地位、中小型金融机构应得到鼓励与扶持,其实质是赋予各类金融资源市场配置主体同等的配置机会,属于金融资源配置公平的范畴。公平享受金融福利强调金融发展不能遗忘在资金、技术等方面存在弱势的地区和主体。金融机构应该通过各种途径保障各类金融需求者公平的分享金融发展的成果,其实质是保障金融需求者的发展公平,属于金融资源配置公平的应有内涵。公平进行金融交易是指金融市场主体进行交易的基础是双方处于平等的地位,金融机构不能滥用其市场支配地位损害金融消费者的权益。其实质是加强对金融消费者的保护和金融企业的社会责任。据此,金融公平主要包括金融资源配置公平、金融消费者保护、金融机构的社会责任等内容,金融资源配置公平是金融公平的重要组成部分。

① 冯果:《金融法的"三足定理"及中国金融法制的变革》,载《法学》2011年第9期。

第三章 沉疴待解:我国金融资源配置不公的现状与后果

第一节 金融资源城乡配置的不公

改革开放以来,随着市场经济体制的建立,我国金融业的市场化程度有了很大提高,取得了长足的进展,基业卓著。但就金融发展的地域结构来看,中国金融在城市与农村之间是非均衡发展的,并且呈加剧之势。中国金融系统在金融资源的分配上表现出了明显的城市化倾向,[①]我国城市存在较为健全的金融机构、发达的金融市场、丰富的金融工具,在各个层面远远领先于农村金融。农村金融资源配置的弱势地位主要体现在以下几个方面。

一、基础性金融资源配置的城乡差异

(一)货币和资本资源的逆向流出

目前,我国农村货币资源和资本资源配置,呈现

① 魏后凯等:《中国地区发展——经济增长、制度变迁与地区差异》,中国财政出版社1997年版,第41~52页。

出由信用社或合作金融机构等农村金融机构向国有商业银行等城市金融机构集中的趋势,农村金融资源面临"逆向流出"。我国农村资金通过金融系统的流出量,可以分为农业流向工业和农村流向城市两大类,统计资料表明,早在1979年,我国农村资金就开始通过金融系统流向工业和城市,并且呈现出逐年上升的态势,1979年农业流向工业的资金总额为92亿元,1990年为582亿元,到2000年增长为2263亿元;1979年农村流向城市的资金总额为68亿元,1990年为274亿元,到2000年增长为2599亿元,增长了30多倍。[①] 1990年为274亿元,到2000年增长为2599亿元,增长了30多倍。[②] 1978~2012年内,通过财政、金融机构以及工农产品价格剪刀差的方式,农村地区向城市地区大约净流入资金26.66万亿元。[③]

货币资源源源不断地从农村流出,剩余在农村的可用资金数额有限,即使国家意识到了问题的严重性,通过财政补贴和政策性银行两条渠道进行资金的反哺,进行金融资源的再投入,但这种输血性的投入对于农村经济部门而言是外生的,难以替代农村部门自身的储蓄累积对金融努力和金融成长的内生作用,因而只能维持农村经济部门的简单再生产,无法带来农村金融成长的机会。农村资金外流→农村金融发展滞后→农村经济发展缓慢→农村资金进一步外流,资金流出导致农村金融农村经济的发展陷入恶性循环。

(二)农业和乡镇企业信贷供给不足

我国的信贷资金投向,表现出明显的城市和工商业倾向。为了快速推进工业发展和城市化进程,政府将大部分资金投向城市。相对于城市地区基本建设和企业生产、流通以及居民消费的借贷资金支持而言,专门针对农村经济发展提供的资金支持比重非常低,农村金融资源供给严重不足。2007年年

---

① 参见陈刚、尹希果:《中国金融资源城乡配置差异的新政治经济学》,载《当代经济科学》2008年第3期。

② 同上。

③ 周振、伍振军、孔祥智:《中国农村资金净流出的机理、规模与趋势:1978—2012年》,载《管理世界》2015年第1期。

底,全国各类金融机构贷款余额共261,691亿元,其中农林牧副渔业贷款余额为15,055亿元,仅占各类金融机构贷款余额的5.75%。2014年农业贷款额得到了一定程度的上升,农林牧副渔业贷款余额为33,394亿元,但占全国各类金融机构贷款余额的比重却下降为4.09%,当年农业占GDP的比值已经达到16.06%。[①] 根据2014年对包括农村企业的416家中小企业的网络调查报告,有46.39%中小企业认为资金周转困难,76.68%中小企业认为贷款供应偏紧张。[②] 历年来的统计数据表明,农业和乡镇企业从国家银行系统获得的贷款额度一直保持在略高于10%的水平,这种状况与农业的基础地位不相称,也与农村各产业对国民经济的贡献份额不相称。这种投资偏向,实际上是把一部分农业剩余通过金融渠道转移到城镇,是以牺牲农业和农村为代价换取工业和城市的发展。

(三)农户的资金需求无法满足

我国农村居民的金融需求主要集中于存款和贷款两个领域,相对而言,存款的需求基本得到了满足,但贷款需求的满足还远远不够,尤其是农村中的贫困农户,生产和生活资金极为短缺。由于他们没有财产可供抵押,正规商业性金融机构,很难满足这类特殊金融需求主体的信贷要求,因此,只能求助于政策性金融、政府财政性扶贫资金和国际金融组织和国外援助。资金需求量大,而这几种渠道提供的资金又很有限。有学者对全国10个省的6168个农户家庭的信贷情况进行了调查,通过正式金融机构(包括银行和信用社)得到贷款的农户家庭2092个,占农户家庭数的22.76%;通过非正规金融借贷的农户4764个,占农户家庭数的77.24%。[③] 据测算2008~2010年每年大约有超过20,000亿元的农村金融需求得不到满足,2011年农村金融供需绝对缺口扩大

① 资料来源:《2007~2014年中国金融年鉴》。

② 参见《2014年中小企业生存状况调查报告》,载http://money.sohu.com/s2014/zcqybg/,最后访问日期:2016年5月9日。

③ 张三峰、卜茂亮、杨德才:《信用评级能缓解农户正规金融信贷配给吗?——基于全国10省农户借贷数据的经验研究》,载《经济科学》2013年第2期。

为31,934.72亿元。[①]近年来，随着农村产业结构的调整和城镇化进程的推进，农户的资金需求也发生了变化，从简单的农业生产资金需求逐渐转向资金需求更高的专业化和大规模生产以及对住房、医疗卫生服务、教育的信贷资金需求上，但从实际情况来看，这部分资金需求一般很难得到满足。

二、机构性金融资源配置的城乡差异

（一）农村金融主体类型有限

近年来，四大国有商业银行进行经营战略调整，大规模退出欠发达地区，集中优势资源占领大中城市和经济发达地区。截至2004年年底，中国工商银行分支机构减少26,330个，中国农业银行分支机构减少34,854个，中国银行分支机构减少4563个，中国建设银行分支机构减少15,919个[②]。截至2010年年底，全国金融机构空白乡镇是2312个，一些地处偏僻的贫困乡村甚至成为了金融服务空白点。[③] 在县级以下的乡镇基本找不到中国工商银行、中国银行和中国建设银行的分支机构，就连曾经以农村金融为主要业务的农业银行在乡镇的分支机构也屈指可数。在四大国有商业银行大量撤离后，[④]农村金融市场上的正规金融除极少数的国有商业银行外，只剩下农村信用合作社、农业发展银行、邮政储蓄以及最近几年兴办起来的新型农村金融机构。这虽然在理论上初步形成了以合作金融为基础，商业金融、政策性金融分工协作的农村金融格局，但在实际操作中却出现了和发展农村经济的宗旨相背离的状况。

---

① 杨兆廷、马彦丽：《农村金融供给与需求协调研究》，中国金融出版社2013年版，第102页。

② 钟笑寒、汤荔：《农村金融机构收缩的经济影响：对中国的实证研究》，载《经济评论》2005年第1期。

③ 中国银行业监督管理委员会《关于继续做好空白乡镇基础金融服务全覆盖工作的通知》（银监办发〔2011〕74号）。

④ 1998年6月，中国人民银行根据1997年11月中央金融工作会议精神制定了《关于国有独资商业银行分支机构改革方案》，方案中对四大银行机构的撤并提出了非常具体的要求。比如，按银行的工作人员数量和吸收存款额，人均存款额在50万元以下的营业网点全部撤销，50万元到100万元的营业网点部分撤销，100万元到150万元的营业网点合并。二级分行也要进行大量撤并。

农业银行从农村地区撤出,主要是因为农业资金运作的风险高,成本高,周期长,单笔业务额度小,手续烦琐,回报较低,无法实现商业银行追求的高盈利、低风险的目标。现在农业银行虽然还承担着农村商业性金融的职能,但其资金投放领域已从单纯的农村经济领域向工商业及相对高利润率的非农产业转移,在农村投放的资金明显减少,名为"农业"银行,而实际经营却离农村渐行渐远,这是不可辩驳的事实。农业发展银行成立于1994年,在性质上属于农业信贷方面的政策性银行,主要从事农副产品收购贷款、商品粮基地建设贷款、农村基建贷款、代理财政支农资金的拨付及监督使用等,基本不与农户发生信贷业务关系,还不能完全承载农村政策性金融的功能。农村信用合作社、农业银行和邮政储蓄主要以存贷业务为主,在性质上属于间接金融机构,直接金融机构如商业保险机构、证券机构、信托投资机构、融资租赁机构等,因为受到经济发展水平以及农户知识水平的限制,在中国农村寥寥无几。

(二)农村信用社处于垄断地位

目前,农村信用社是农村金融市场最主要的金融资源配置主体,由于缺乏竞争对手,农村信用社处于事实上的垄断地位,这使其掌握着农村贷款利率的绝对定价权和客户选择权,竞争性市场秩序因此不具备形成的基本条件。在农村金融市场仅存的竞争,是在农村信用社和非正规金融机构之间展开的,竞争的内容主要是通过高息揽储抢夺资金来源,这种竞争非但无法促成双方融资成本的降低和融资效率的提高,反而双双受困,因而它不属于良性竞争。竞争是市场的灵魂,没有良性竞争,农村信用社最终还是无法迸发出长久持续的活力。

农村信用社虽然在农村金融市场"独霸天下",但其自身建设方面却问题颇多:产权不明,法人治理结构不完善,经营机制和内控制度不健全,管理体制不顺,管理职权和责任不清。尽管近几年农村信用社在"放权让利"的改革浪潮中不断地进行着变革,不过,改革基本上停留在内部组织体制和行业管理体制的修修补补上,未见实质性的突破,而与改革相伴而生的是极高的不良贷款率和极低的金融服务效率。

（三）农村金融机构偏离为农村服务的业务宗旨

统计资料显示，农业发展银行、农业银行和农村信用社在农村的贷款额度，只占其业务总量的一小部分。截至2007年年底，农业发展银行的贷款总额为10,240亿元。农业发展银行的贷款总额虽然达到了10,240亿元，但其中有历史形成的财务挂账和其他不良资产3042亿元，剔除后真正用于农村金融投入的仅剩7198亿元，这7198亿元的90%以上都是用于粮食收购及与粮食产业有关的产业支持。

中国农业银行自1996年起大规模退出农村金融市场以后，业务范围也随之变化，从以农业信贷为主转为农业信贷与工商业信贷并举，农村信贷业务规模不断缩减，最少的时候农村信贷额仅占其贷款总额的6%。根据2000～2007年中国农业银行农业贷款规模的统计，2000年中国农业银行的农业贷款总额为1288亿元，占中国农业银行贷款总额的8%；2004年的农业贷款总额为4636亿元，比重增加为20%；2007年农业贷款总额为9300亿元，占中国农业银行贷款总额34,531亿元的26%。①

农村信用社的定位，本应是为农村一定区域内社员提供金融服务的集体合作组织，但我国农村信用社的发展轨迹偏离了它应有的定位。自从1979年划归中国农业银行领导之后，农村信用社基本上成了农业银行的"基层附属机构"。这不仅混淆了两种不同所有制金融机构的界限，而且农业银行对农村信用社的严格管理使农信社丧失了经营自主权，农村信用社背离了合作金融的"合作"性质，带有明显的"官办"色彩。根据国务院1996年的《关于农村金融体制改革的决定》，农村信用社开始改革自身的管理体制，农村信用社与中国农业银行脱离了行政隶属关系。但在进行行社分家时，中国农业银行直接将高风险的资产转化给农村信用社，形成了数额巨大的待处理亏损，导致农村信用合作社的资产质量急剧恶化，加之农村信用社的贷款品种主要是短期质押贷款，而农村土地使用权和房屋产权流通市场以及保险市场尚未开发，农

---

① 陈刚、尹希果：《中国金融资源城乡配置差异的新政治经济学》，载《当代经济科学》2008年第3期。

户贷款缺乏抵押和担保，使农村信用合作社发放农业信贷的决策行为变得更为谨慎，[①]用于农业服务的资金没有明显增长。根据2000～2007年中国农村信用社农业贷款规模的统计，2000年农村信用社的农业贷款总额为3588亿元，占农村信用社贷款总额的34%；2004年农业贷款总额为8455亿元，占农村信用社贷款总额的43%；2007年农业贷款总额为13,998亿元，占2007年农村信用社贷款总额31,381亿元的44%。[②] 近年来，农村信用社的资金外流现象日益严重，特别是在经济发达的沿海地区，一些农村信用社开始转变为综合性的商业银行，把从农村筹集来的资金转存中央银行、购买证券或者转借其他金融机构，状况堪忧。

三、金融商品资源配置的城乡差异

改革开放以来，随着金融市场的发展，我国金融工具创新速度逐步加快，新的金融工具不断涌现，金融市场上金融商品的种类日渐丰富，国库券、商业票据、债券、股票、基金等基础类及衍生类金融工具应有尽有。由于受经济发展程度以及农户经营能力和知识水平的影响和制约，特别是追求资金效益的企业化行为，使商业性保险、证券、担保、信托投资、租赁等金融机构在农村地区，特别是中西部地区农村的业务基本上处于空白状态，我国农村地区金融工具体系发展相对滞后，金融产品的供给和需求的增长比较乏力，金融产品的分布在城市和农村存在严重的不均衡。

从总体上来看，我国农村金融市场的发展远远落后于城市金融市场，对农业发展的支持力度明显不足。在农村金融市场上，目前只是在极少数经济发达的县级市设有证券公司的服务部，现代化的有价证券交易系统根本没有延伸到农村地区，金融交易手段非常落后，农民能够参与交易的金融商品相当有限。在网上交易风靡世界的几天，他们甚至连参与各种常规的金融商品如股

① 陈刚、尹希果：《中国金融资源城乡配置差异的新政治经济学》，载《当代经济科学》2008年第3期。

② 根据《2000～2007年中国金融年鉴》的相关数据整理而得。

票、国库券、金融债券、企业债券的交易机会都很难得到，对各种衍生金融产品的交易，如期货、期权交易、股票指数交易、汇率期货交易、货币互换交易等，许多人可能更是闻所未闻。① 农村地区金融产品数量少，种类有限，金融服务种类单调，与城市形成了鲜明了对比。金融工具的供给严重滞后于农村金融消费者的金融需求，广大农民不能充分享受金融改革和金融创新带来的实惠，金融消费水平提升缓慢。

目前，农村的金融产品类型主要是用于融资的股票和作为基本保障的农业及农村保险，保险产品在我国农村地区的配置相当薄弱，这在各省农业类保险产品的收入占全部保险费的比例中有充分的体现。2009 年我国农业保险总收入为 133.9 亿元，仅占保险业总收入的 1.22%。根据《西部各省统计年鉴》2009 年的数据，截至 2008 年年底，包括陕西、甘肃、宁夏、青海、新疆、西藏、云南、贵州、广西、四川、重庆、内蒙古 11 省 1 市在内的西部地区，保险费的总收入是 5,903,607.92 万元，其中农业保险费的收入是 656,968.94 万元，农业保险在西部地区总保费收入中所占的比例只有 11%。其他如财产保险、人身保险等不是专门为农村设计的商业险种的投保率更低，所占比例几乎可以忽略不计。这说明，涉及农业和农村的保险产品种类稀少，有待进一步开发。

股票融资功能的发挥需要借助上市公司这一组织体。由于当前主板市场的门槛很高，农村中数量众多的中小企业要进入资本市场融资，谋求获得长期资本支持，也只能是一种奢望。数据显示，2016 年在 A 股上市的农业企业共计 39 家，流通股市值占整体市场的比重为 0.80%，净资产占整体市场的比重为 0.41%，主营业务收入占整体市场的比重为 0.37%。数据表明，农业上市公司整体在 A 股中占比较小，主营业务收入对 A 股市场贡献不大，处于一个相对弱势的地位。②

---

① 黄建新：《反贫困与农村金融制度安排》，中国财政经济出版社 2008 年版，第 137 页。

② 谢星启：《农业上市公司竞争力评价》，载《西部金融》2016 年第 9 期。

第二节 东部与中西部地区金融资源配置的不公

作为一个区域化特征明显的发展中大国,我国的金融资源分布存在严重的区域性差异。近年来,随着东部和中西部地区经济发展差距的拉大,东部与中西部金融资源分布不均衡问题日渐突出。① 经济发达的东部地区集中着全国大部分金融资源,金融机构分布密度大,金融商品的供给相对充分,间接金融比较发达。而经济较为落后的中西部地区的金融资源较为稀缺,金融机构的数量稀少,贷款额度有限,间接金融规模较小。

一、基础性金融资源配置的地区差异

(一)东部与中西部地区贷款分布不均衡

从东中西部三大地带的金融机构贷款分布来看,近年来三大地带的贷款数量都有显著的增长。东部地区获得的贷款总额2003年为98,045亿元,2006年为142,275.28亿元;中部地区获得的贷款总额2003年为33,886.13亿元,2006年为36,611.01亿元;西部地区获得的贷款总额2003年为22,123.50亿元,2005年为26,381.19亿元,2006年为31,053.72亿元。② 但从贷款的比重来看,东部、中部、西部金融机构贷款规模则呈现迥异的变化态势。东部地区金融机构贷款占全部金融机构贷款的比重从1998年的58.13%上升到2006年的67.77%,而中部地区的贷款份额则从27.58%下降到17.44%,西部地区贷款份额则基本稳定在14%~15%。这就是说,以金融机构贷款规模来

① 为正确反映我国各地区经济、社会和科技发展态势,按照各地不同的经济发展状况、交通运输条件、地理位置、自然资源和科技文化水平差别,全国可大致划分为东部、中部和西部三个经济区域。东部地区包括京、津、沪、辽、冀、鲁、苏、闽、粤、桂、琼等12个省市区,面积129.83万平方公里,占全国的13.5%。中部地区包括黑、吉、内蒙古、晋、豫、鄂、湘、皖、赣9个省区,面积285.35万平方公里,占全国的29.7%。西部地区包括陕、甘、宁、青、新、云、贵、川、渝、藏10个省市区,面积545.1万平方公里,占全国的56.8%。参见张绍基:《我国区域经济金融非均衡与金融深化》,载《武汉金融》2000年第8期。

② 根据《中国金融年鉴(2000~2006)》各地金融篇中的相关数据整理而得。

衡量,东部地区控制金融资源的能力显著增强,西部地区基本保持不变,而中部地区则显著减弱。①

2006~2015年,贷款余额排名前三位是东部地区的广东、浙江和江苏,3个省份的贷款余额在2006年为66,087亿元,到2015年增长为311,187亿元,贷款余额占全国的比值在2006年为28.86%,到2015年增长为31.31%。2006~2015年,贷款余额排名后三位的是西部省份宁夏、青海、西藏,2006年3个省份获得的贷款余额为1928亿元,2015年3个省份获得的贷款余额为12,399亿元,贷款余额占全国的比值在2006年为0.84%,到2015年增长为1.25%。②

(二)东部与中西部地区人均金融资源差距较大

表1　2005~2007年各区域金融发展指标原始数据平均值

地区	人均存款总量	存款增长率	人均贷款总量	贷款增长率	人均存贷差
单位	万元/人	%	万元/人	%	亿元
东部平均	4.7011	1.1841	3.2016	1.1624	1.4995
北京	16.2784	1.1862	9.0323	1.1699	7.2460
天津	4.9679	1.2654	4.1127	1.2459	0.8553
河北	1.3902	1.1592	0.9049	1.0807	0.4852
山东	1.6403	1.1566	1.3426	1.1786	0.2977
辽宁	2.5822	1.1499	1.8970	1.0823	0.6851
上海	11.2221	1.1666	7.9215	1.1233	3.3005
江苏	2.6001	1.2174	1.9079	1.2400	0.6922
浙江	3.8041	1.2374	3.1141	1.2637	0.6900
福建	1.8543	1.1679	1.3332	1.1702	0.5212
广东	3.9432	1.1833	2.5159	1.1467	1.4273
海南	1.4294	1.1349	1.1353	1.0847	0.2941
中部平均	1.1750	1.1706	0.8952	1.0905	0.2684

① 王景武、王辰华:《中国金融资源的空间分布:制度逻辑与绩效检讨》,载《浙江金融》2005年第10期。

② 根据《中国金融年鉴(2006~2015)》各地金融篇中的相关数据整理而得。

续表

地区	人均存款总量	存款增长率	人均贷款总量	贷款增长率	人均存贷差
黑龙江	1.4576	1.1230	1.0420	1.0059	0.1523
吉林	1.4302	1.1302	1.2779	1.0210	0.2941
山西	1.7781	1.2372	1.2062	1.1350	0.5719
江西	0.9061	1.1755	0.6672	1.1238	0.2389
安徽	0.8146	1.1976	0.6269	1.1350	0.2389
河南	0.9277	1.1524	0.7443	1.0989	0.1877
湖北	1.2240	1.1706	0.9443	1.0883	0.1834
湖南	0.8618	1.1784	0.6525	1.1161	0.2797
西部平均	1.1666	1.1796	0.8860	1.1361	0.2806
广西	0.7811	1.1417	0.5734	1.1575	0.2077
重庆	1.3624	1.1898	1.0667	1.1709	0.2957
四川	1.0174	1.1707	0.7662	1.0948	0.2512
贵州	0.6131	1.2110	0.5285	1.1792	0.0845
云南	1.0205	1.1858	0.7934	1.1866	0.2271
西藏	1.3905	1.1723	0.6002	1.1390	0.7903
陕西	1.5089	1.1847	1.0411	1.1056	0.4678
甘肃	0.9765	1.1649	0.7196	1.0935	0.2570
青海	1.1695	1.1606	1.1329	1.1014	0.0366
宁夏	1.4771	1.1925	1.3058	1.1684	0.1713
新疆	1.5531	1.1475	1.1440	1.0829	0.4091
内蒙古	1.1295	1.2336	0.9606	1.1539	0.1689

注:资料来源于历年《中国金融年鉴》。

研究数据表明,就人均金融资源比较,无论是人均存款总量,还是人均贷款总量,东部地区都远远优于中西部地区。东部地区和中西部地区人均金融资源差距,已经从 1995 年的大约 2 倍多上升至 2007 年的大约 4 倍之多。①

① 陈凯笛、龚谊:《金融资源区域分布的区域经济差异实证研究》,载《河北金融》2009 年第 3 期。

2005～2007 年的数据表明,东部地区人均存款总量达到 4.7 万元/人,而中西部只有 1.1 万元上下,东部的人均存款总量是中西部的 4 倍;东部人均获得的贷款总量也达到了中西部的 3.5 倍。根据研究,另一个引人注意的事实是,东部地区与中西部地区的人均金融资源增速之间的差距也在不断地拉大。西部地区 2007 年的人均金融资源是 1995 年的 4.79 倍,中部地区是 5.08 倍,而东部地区已经达到 8.69 倍。

(三)东部与中西部地区证券市场融资规模差异巨大

东部地区的证券市场融资额远远大于中、西部地区的证券市场融资额。2006 年东部地区证券市场融资总规模为 5114 亿元,中部地区证券市场融资总规模为 802.5 亿元,西部地区证券市场融资总规模为 405.51 亿元,东部地区证券市场融资规模是西部地区融资规模的 12 倍。2015 年东部地区证券市场融资总规模为 34,112.3 亿元;中部地区证券市场融资总规模为 10,454.1 亿元,西部地区证券市场融资总规模为 11,385.4 亿元,东部地区证券市场融资规模仍为西部地区融资规模的 3 倍。①

受股票市场行情的影响,近年来,我国股票市场交易出现较大波动。即便如此,从股票市场交易相对规模来看,东部地区股票市场交易规模也一直大于中西部地区的交易规模。东部地区的交易规模尽管波动较为剧烈,但一直处于绝对优势地位。

一个地区股票市场交易规模的大小受多种因素的影响,如股市行情、该地区主体收入水平、投资偏好、地区经济发展水平等。其中,地区的经济发展水平对股票市场交易规模的影响最大。在其他条件既定的情况下,一个地区经济越发达,经济主体的可用资金规模也就越大,用于股票市场交易的资金规模也就越大。除此之外,金融基础设施是否齐全、金融服务水平的高低也是重要的影响因素。与欠发达地区相比,经济发达地区的金融基础设施较为齐全,金融服务水平较高,经济主体参与股票市场交易也比较便利。目前,我国证券交

---

① 根据 2015 年西部 12 省、市、区,东部 10 省、市《区域金融运行报告》《中国金融年鉴 2015》整理而得。

易市场主要集于深圳和上海两地，这也会在一定程度上刺激东部经济主体积极参与股票市场交易，从而加大了东中西部证券市场的差距。

（四）东部与中西部地区保险业发展的不均衡

近年来，随着经济的快速发展，我国的保险业也呈现出快速增长的态势，但与银行业、证券业类似，保险业的发展也呈现出明显的东高西低的梯度性差异。

1. 东部与中西部地区保费收入比例失调

保险费收入是资本资源的重要来源。与信贷资金、证券市场筹资的地域分布类似，保险费收入也表现出明显的地域特征。2006～2014 年的统计数据显示，东部地区的保费收入相对较高，中部次之，西部及海南省等地区则相对较低。2006 年东部地区的保费总收入为 2470.62 亿元，占全国保费收入比例为 43.79%，2007 年东部地区的保费总收入为 3030.48 亿元，占全国保费收入的 43.07%。相比而言，西部地区明显落后，2007 年西部 12 省保费收入 1192.98 亿元，占全国比重仅为 16.96%。2006～2014 年，广东省保费收入的均值为 1101.26 亿元，而西藏的仅为 6.47 亿元，可见保险业市场两级分化严重，东西部发展水平差异较大。①

2. 保险密度与保险深度呈明显的区域差别

保险密度，是指按常住人口计算的人均保险费额。保险密度反映了该地国民参加保险的程度，也反映了一国国民经济和保险业的发展水平。我国保险密度区域差别明显，东、中、西部梯次递减，与经济发展水平正相关。2017 年北京、上海、江苏，分别为 9080 元/人、6558 元/人、4312 元/人的保险密度位列全国前 3 位，中西部地区的保险密度人均多在 3000 元以下。

保险深度，是指某地保费收入占该地国内生产总值（GDP）之比，反映了该地保险业在整个国民经济中的地位。2017 年年末，全国约 2/3 省市的保险深度在 3%～4.5%，超过 5% 的仅有北京和上海两个地区。

---

① 秦建文、黄蕤：《我国保险业发展与区域经济增长相互关系实证研究——基于东西部地区差异的面板数据协整分析》，载《广西大学学报》（哲学社会科学版）2009 年第 1 期。

二、机构性金融资源配置的地区差异

（一）银行性金融机构地区分布不均衡

银行业金融机构网点数量与空间分布可以直接地反映机构性金融资源配置的地区差异。2012 年西部银行业金融机构个数为 56,021 个，占全国的 27.72%；东部银行业金融机构数为 79,830 个，占全国 39.49%。东部比西部多23,809个，东部省份金融机构网点更为集中。西部省份银行业金融机构网点数占比的空间分布状况显示，有 9 个省份占比在 10% 以下，其中西藏金融机构数 636 个，仅占西部 1.14%，位列末尾；广西银行业金融机构 5663 个，占比指标为 10.11%；陕西银行业金融机构 6511 个，占比指标为 11.62%；四川金融机构数在西部最多，达到 13,218 个，在西部比重为 23.59%，比西藏多 12,602 个。金融机构数的地理位置和区位分布明显地表现出东部集中，西部地区四川集中的非均衡态势。2015 年年末，全国各地区银行业金融机构网点共计 22.1 万个，东部地区银行机构网点数占比 40.6%，中部地区占比 32.6%，西部地区占比 26.8%。①

据统计，截至 2017 年 12 月底，我国各类银行业金融机构共 4549 家，其中全国性的股份制商业银行 12 家。② 这 12 家银行的总行全部设在东部地区，分支机构的分布也呈现出东部集中的态势。东部地区设有全部 12 家银行的分支机构，具体分布在上海、北京、天津、南京、广州、深圳、杭州等城市；西部地区除恒丰银行外设有 12 家银行的分支机构，具体分布在重庆、昆明、成都、西安、

---

① 徐云松：《我国西部区域金融发展的非均衡问题研究》，中央财经大学 2015 年博士学位论文。

② 这 12 家全国性的股份制商业银行具体为：中信银行（总行设在北京）；上海浦东发展银行（总行设在上海）；招商银行（总行设在深圳）；深圳发展银行（总行设在深圳）；兴业银行（总行设在福州）；华夏银行（总行设在北京）；广东发展银行（总行设在广州）；中国光大银行（总行设在北京）；中国民生银行（总行设在北京）；恒丰银行（总行设在烟台）；渤海银行（总行设在天津）；浙商银行（总行设在杭州）。

太原等城市；中部地区最少，只有9家银行[①]的分支机构，且分布的城市数量也较少，集中在武汉、长沙、南昌等少数城市。[②]

（二）证券经营机构地区分布不均衡

证券经营机构在三大地带的分布，同银行性金融机构一样具有非均衡性。东部地区的证券经营机构在总体数量、发展规模、资本数额等方面表现出明显的优势，在中国证券市场的发展过程中起主导作用。根据《2011年中国区域金融运行报告》，全国各地区证券业金融机构公司数、以及当年国内股票（A股）、债券筹资额皆实现了增长和提高，但地区分布差异性特征十分明显。截至2011年年底，我国共有证券公司、基金公司以及期货公司等339家，其中，排名前3位的地区为上海、广东、北京，分别拥有公司数78家、66家、47家。国内上市公司共有2348家，其中排名前3位的地区为广东、浙江、江苏，分别为339家、226家、214家。国内股票（A股）、债券筹资额合计31,616亿元，其中，排名前3位的地区为北京、上海、江苏，分别为13,333亿元、1734.9亿元、1657亿元。可以看出，仅上海、北京、江苏、广东、浙江5个沿海地区包揽了三项统计排名前3位。

截至2015年年末，总部设在东部的证券公司数占到全国的70.4%，而中部和西部则分别占到13.6%、16%；总部设在东部的基金公司数占到全国的98%，西部仅为2%；总部设在东部的期货公司数占比为76.3%，而中部、西部分别为13%、10.7%。[③]

---

① 这9家银行为交通银行；中信银行；上海浦东发展银行；招商银行；兴业银行；华夏银行；广东发展银行；中国光大银行；中国民生银行。

② 资料来源：各全国性股份制商业银行网站。

③ 数据均来源于2015年《中国统计年鉴》、上海证券交易及深圳证券交易所公布的数据，或根据这些数据计算所得。

第三节　国有与非国有经济体之间金融资源配置不公

当我国的经济成分呈现出多元态势时，各个不同的经济主体在融资中应占据不同的位置。但我国现行的金融体系基本上以服务国有经济为主，非国有经济①在融资体制中处于不利地位，经济结构与融资结构的不对称矛盾、信贷结构与需求的不对称矛盾仍较突出。

一、基础性金融资源配置的所有制差异

（一）信贷配置向国有经济体倾斜

我国经济制度的基础是生产资料的社会主义公有制，实行的是以公有制为主体、多种所有制经济共同发展的经济制度。国有经济，即社会主义全民所有制经济，是国民经济中的主导力量，在社会经济的发展中占主导地位。非国有制经济的定位，是国有经济的必要补充。从实际发展情况来看，在我国经济体制改革后，我国的经济结构发生了重大变化，非国有经济得到了快速发展，已经遍及城乡各地，涉足大部分产业、行业，在产出水平、就业规模、产值占比、利税贡献等各个方面取得了令人瞩目的成就，②尤其是在20世纪90年代以后，非国有经济占工业总产值的比重逐年提高，而国有经济在国民经济中的比重逐年降低，总产值不断减少，③但与实体经济结构和各自

---

① 非国有经济是相对国有经济而言的，即国有经济之外的其他所有制经济形式。"非国有经济"包括城乡集体经济、外商投资经济、股份制经济和个体、私营经济等与传统国有制不同的产权关系，他们是按照与传统的计划经济体制不同的方式运行的经济实体。

② 非国有经济占固定资产投资的比重从1990年的33.9%增长为1997年的47.5%；占工业总产值的比重从1990年的45.4%增长为1997年的74.5%。数据根据张杰：《中国金融制度的结构与变迁》（山西经济出版社1998年版）及相关文献整理而得。

③ 国有经济占固定资产的投资比重从1990年的66.1%下降为1997年的52.5%；占工业总产值的比重从1990年的54.6%下降为1997年的25.5%。数据根据张杰：《中国金融制度的结构与变迁》（山西经济出版社1998年版）及相关文献整理而得。

贡献恰恰相反的是,国有经济仍占有大部分的金融资源,在 1990 年为 80.39%,1991 年为 80.16%,甚至在 1996 年占工业总产值比重下降为 28.5% 时,获取的总贷款额的比重仍达到 81.38%之多。而非国有经济获得的国家金融支持非常有限。1990 年获得贷款数额占总贷款额的 19.61%,1992 年、1993 年呈小幅上升趋势,上升为20.73%和 20.98%,其后逐年下降,甚至在非国有经济占工业总产值比重达到 71%的 1996 年,其获得贷款额只占总贷款额的 18.62%。①

非国有制经济体通过正规金融渠道只能获得少量融资的情况,在 2000 年以后也没有明显好转,对包括国有独资商业银行、政策性银行、邮政储蓄机构在内的金融机构,2000~2004 年人民币贷款情况的统计表明,2000 年农业贷款总额为 1289.4 亿元,2004 年为 1296.59 亿元,数量上没有明显增长;乡镇企业的贷款总额 2000 年为 1415.3 亿元,2004 年为 1786.88 亿元,增幅不大;私营企业及个体贷款总额 2000 年为 354.4 亿元,2004 年为 741.51 亿元,增幅较为明显。就农业贷款、乡镇企业贷款、私营企业及个体贷款占年度贷款总额的比重来看,除私营企业及个体经济的贷款额度有 0.1%的增长外,农业、乡镇企业的贷款额度呈现出逐年下降的趋势,农业贷款占年度贷款总额比重下降最为明显,从 2000 年的 1.7%下降到 2004 年的 1.1%,下降幅度超过 40%。这不但与非国有经济体的庞大数量不相称,而且也与非国有经济体对我国劳动力就业、经济增长等宏观经济指标的贡献不相符。

公有制与非公有制经济获得贷款数额明显不成比例,这一现象即使在经济相对发达的地区也没有明显改善。北京、广东、上海地处我国经济增速较快的东部地区,非国有制经济相对活跃,外资利用较为充分。即便如此,2004 年乡镇企业、三资企业、私营企业从正规金融渠道获得的短期贷款总额比重也没有超过 15%。②

---

① 数据根据张杰:《中国金融制度的结构与变迁》(山西经济出版社 1998 年版)及相关文献整理而得。

② 资料来源:2004 年《中国统计年鉴》。

《中国民营经济发展形势分析报告(2011～2012)》中称："当前形势下，我国民营企业融资难题并未缓解，特别是小型微型企业融资尤为困难。据银监会测算，我国银行贷款主要投放给大中型企业，大企业贷款覆盖率为100%，中型企业为90%，小企业仅为20%，几乎没有微型企业。"2011年下半年发生的"温州民间借贷风波"，以极端的方式展现出非国有经济体深陷其中的融资困局，由于无法获得充足的金融资源，民营企业的发展举步维艰，几乎到了崩溃的边缘。

以上的统计数据说明，我国的实体经济结构与金融信贷结构之间存在明显的不对称。一方面，国民经济中最有活力的部分——非国有经济通过正规金融渠道获得的金融资源数量稀少，无法满足其生产发展和贸易扩张的需要。另一方面，大量金融资源配置给了产出效率不断下降的国有经济体。据此，金融资源的配置实际上处于低效率甚至无效率的状态。

(二)资本资源配置向国家控股的上市公司倾斜

我国证券市场是在20世纪70年代末确立改革开放政策后起步的，1990年上海证券交易所和1991年深圳证券交易所的成立，标志着我国证券集中交易市场的形成。作为一个新兴的金融市场，我国证券市场深深植根于我国的转型经济体中，中国证券市场建立的一个重要动因就是解决国有企业的融资问题，政府试图通过证券市场将更多的金融资源配置给国有企业，我国的上市公司基本都是国有企业改制而成，国有股在上市公司股权结构中占主导地位。2001～2005年的统计数据表明，国有股在上市公司股权结构中的比重基本上保持在47%上下，占绝对的控股地位。

有学者根据上市公司是否有政府控制以及控制上市公司的政府层级的不同，将上市公司分为非政府控制和政府控制两大类。其中政府控制类又可细分为中央政府控制、省级政府控制、市级政府控制、县级政府控制四类。考察2001～2005年的上市公司，剔除上市3年以下的公司、金融行业上市公司以及PT的上市公司，共有2996个，其中，585个为中央直属上市公司，省级政府控制的870个，市县级政府控制的860个，非政府控制的有681个，仅占上市公司总量的23%。[①] 这也间接证明我国大部分上市公司无法否认的国有背景。

与国有经济的证券市场主体地位相对应，非国有经济在直接融资市场没有任何优势可言。在股票市场，要想发行股票筹资，首先需要成立符合规定的股份有限公司，之后，必须具备《公司法》规定的条件才能申请发行股票和股票上市，这些规定对于多数规模小、起步晚的非国有经济体而言是难以逾越的“门槛”。

非国有经济体在股票市场上的融资并不顺畅，债券市场的情况也并不乐观。实践中，我国对企业债券和公司债券的发行实行规模管理，在安排年度债券发行计划时，政府出于协调社会经济整体发展的目的，往往优先考虑农业、能源、交通和重点原材料与城市公共设施项目，且要求申请发行债券的股份有限公司净资产不得低于人民币3000万元，有限责任公司净资产不得低于人民币6000万元，这些条件限制了非国有经济体进入债券市场。非国有经济体能争取到的债券发行额度很有限。

二、机构性金融资源配置的所有制差异

金融学的基本原理告诉我们，金融领域可划分为政策性金融、商业性金融、合作金融三个基本部分。其中，商业性金融和合作金融都属于竞争性领域，是市场能够有效配置资源的经济和社会领域，因而在成熟的市场经济国家中，商业性金融和合作金融是由民间资本主导的，只有政策性金融由政府主导。“英国与日本的商业银行中的国有资本比重是0。在奥地利，由于长期由社会民主党执政，社会民主党奉行社会民主主义，反对任何形式的资本主义，因此国有资本在很多行业都占绝对的垄断地位，钢铁、铁路、发电、通信、邮政等行业的国有资本比重都是100%，民航为75%，但即便如此，银行业的国有资本却仅占10%。在美国，只有向最弱势的群体提供金融服务的社区金融发

① 安灵：《中国上市公司所有权结构与投资行为研究》，重庆大学2008年博士学位论文，第94~97页。

展机构由政府主导,而其余众多的商业银行国有资本参与甚少。”①

而我国,国有金融机构长期以来在整个金融体系中占据绝对统治地位,近年来尽管情况有所改变,但“国家的银行”的垄断地位仍然没有改变。在以下的论述中,本书将忽略其他不相关因素,把金融体系按所有制差异抽象成“国有金融机构”与“非国有金融机构”②两个阵营,同时结合具体类型来对比二者的力量失衡。

(一)国有金融机构的资本雄厚

从1979年开始陆续成立的中国银行、中国农业银行、中国工商银行、中国建设银行,习惯上被称为四大国有商业银行。它们是我国银行类金融机构最重要的组成部分,也是国有金融机构的主体。虽然近年来,我国股份制商业银行的规模逐渐扩大,市场份额逐步提高,但是主要银行资产仍然是由四大国有银行控制的。1991～2001年及2004～2008年的统计数字显示,国有金融机构掌握着绝大部分金融资产,实力雄厚。其资本总额在1994～1996年,占国内同期金融机构资本总额的比例一度达到90%以上,2004年后比例有所下降,但也没有低于过73%。③

在国有四大商业银行之外的股份制商业银行、城市商业银行、城市信用社中,国家股、国有控股企业法人股相较于民营股份也具有数量上的优势。“2005年我国11家全国性股份制商业银行的股权结构统计数字表明,国家股和国有控股企业法人股占据股份制商业银行股权总数的半壁江山,其中国家股占23.95%、国有控股企业法人股占30.79%、外资股占14.33%、民营股仅

---

① 应宜逊:《落实“新36条”,向民间资本开放微型金融机构市场准入》,载《上海金融》2010年第10期。

② 金融机构按业务类型可以分为银行类金融机构和非银行类金融机构。其中,银行类金融机构具体包括中央银行、政策性银行、商业性银行。非银行类金融机构包括合作性金融机构、信托投资机构、证券期货经营机构、财务公司、保险公司、金融租赁公司、邮政储蓄机构、金融资产管理公司、汽车金融公司、典当行等。参见朱大旗:《金融法》(第2版),中国人民大学出版社2007年版,第264页。为便于研究,本书不考虑业务差别因素,仅以所有制性质为标准进行金融机构的分类。同时鉴于银行类金融机构在我国各类金融机构中的垄断地位,本书特意选取了银行类金融机构作为样本进行分析。

③ 资料来源:根据历年《中国金融年鉴》整理计算而得。

占12.07%。据对我国115家城市商业银行的股权结构统计,国有控股企业法人股占41.66%、地方财政股占17.34%、外资股占4.17%、民营资本股占29.42%。据对城市信用社的股权结构统计,国有控股企业法人股占比29.17%、民营股占比40.41%。据对农村商业银行、农村合作银行的股权结构统计,全国12家农村商业银行中民营股占70.5亿股,占比56.3%;全国60家农村合作银行中,民营股份总额32.92亿元,占比32%。"①

全国工商联发布的2009年《中国民营经济发展形势分析报告》认为,在我国经济的部分领域存在民营资本被挤出的现象。这份报告援引2008年的统计数据称,目前我国私营控股投资在金融业中的份额只占9.6%。截至2009年年底,国有商业银行占银行业金融机构资产的份额为51%,国有商业银行和全国性股份制商业银行的市场份额占市场总额的66%,8000多家民营资本为主的中小银行市场总额仅占3成。② 2014年,有学者对107家商业银行的股权机构进行了调查,这107家商业银行包括5家国有大型商业银行、12家股份制商业银行以及90家城市商业银行。其中最大股东为"国家股"和"国有法人股"的共有91家,占总数的85.05%;"境内非国有法人股"13家,占比12.15%;"境外法人股"3家,占比2.80%。③

(二)国有金融机构业务经营上的垄断地位

1979年之前的计划经济环境下,我国唯一的银行——中国人民银行基本上承揽了全部的金融业务,银行业市场结构是典型的完全垄断市场。从1974年到1984年,四大国有独资商业银行的成立,打破了中国人民银行一统天下的局面,但四大银行在当时有严格的服务对象范围,每家银行在自身业务范围内不存在竞争对手,因此拥有绝对的垄断地位。1984年以后,随着国有

① 佚名:《银监会副主席谈民营资本进银行业称无法律障碍》,载证券之星网:http://www.stockstar.com,最后访问日期:2006年4月10日。

② 赵园园:《银行业反垄断法适用问题研究——以银行业结构规制为视角》,载吴弘主编:《金融法律评论》(第1卷),中国法制出版社2010年版,第14~17页。

③ 顾洪梅、冯青双:《我国国有金融资本在商业银行分布状况研究》,载《财经问题研究》2014年第4期。

银行的市场化改革以及众多股份制商业银行的成立,加上外资银行的大量进入,中国银行业的市场结构发生了重大变化,国有金融机构的垄断地位在逐步消减,但目前,我国银行业存贷业务市场集中度仍然很高。

从四大国有商业银行存贷业务市场份额统计中可以看出,中国工商银行、中国农业银行、中国银行、中国建设银行的存贷款业务份额,一直占国内同期金融机构存贷总额的绝大多数。其中存款业务在2000年之前基本保持在88%~90%,在2000年以后份额有所下降,但除了2007年,其余的年份都没有低于70%。[①] 贷款业务的情况也是有过之而无不及。1997年四大国有商业银行贷款占国内同期金融机构贷款总额的比例一度达到90%;1998年后呈现出逐年下降的趋势,但即便如此2007年也达到了74.34%。[②]

(三)国有金融机构拥有数量优势

截至2016年年末,中国农业银行境内分支机构共计23,682个,境外分支机构包括10家境外分行和3家境外代表处。中国工商银行拥有营业网点16,429家,自助银行29,385家。在45个国家和地区建立了419家机构,通过参股标准银行集团间接覆盖非洲20个国家,与143个国家和地区的1545家境外银行建立了代理行关系,服务全球627.1万家公司客户和5.67亿名个人客户。中国建设银行在中国内地分支机构14,985家,在中国香港特别行政区、新加坡、法兰克福、约翰内斯堡、东京、首尔、纽约、胡志明市及悉尼设有分行,在莫斯科设有代表处,拥有建行亚洲、建信租赁、建银国际、建信信托、中德住房储蓄银行、建行伦敦、建信基金等多家子公司。中国银行境内外机构共有11,556家。其中,中国内地机构10,978家,香港特别行政区、澳门特别行政区、台湾地区及其他国家机构578家。[③]

相比而言,新建立起来的非国有金融机构可支配的金融资源数量极为有

---

① 资料来源:根据历年《中国金融年鉴》整理计算而得。

② 同上。

③ 资料来源:四大国有银行的官方网站。网址分别是:http://www.icbc-ltd.com;http://www.boc.cn/;http://www.abchina.com/cn;http://www.ccb.com/cn,最后访问日期:2017年3月13日。

限，非国有金融机构不仅数量少、业务范围有限，而且内部治理机制还称不上完善，尚未建立起现代金融企业制度，很难和国有金融机构抗衡。

第四节　金融资源配置不公引起的后果

从理论上来说，由于金融资源的供给和需求在地域、行业、群体上的非均衡性，相应的金融资源配置势必会呈现出非均衡的态势。既然金融资源配置的非均衡态势无法避免，我们就必须承认它存在的合理性。但非均衡又有两种情况，适度非均衡与过度非均衡，适度非均衡有利于金融发展，过度非均衡不仅不利于金融的发展，还会带来一系列的严重后果。

一、金融资源配置的不公导致社会收入分配差距逐渐加大

学者格林伍德（Greenwood）和约万诺维克（Jovanovic）在20世纪90年代就开始研究经济增长、金融发展和收入分配三者之间的关系。[①] 其研究结论指出，在经济和金融发展的早期，形成金融中介和享受金融服务是有成本的，穷人由于达不到财富门槛的要求，没有能力支付这些成本而不能享受到金融服务。只有收入较高的一小部分人愿意支付成本获取金融资源和享受金融服务，这为富人财富的进一步增长创造了很有利的条件，从而使收入分配差距越拉越大，富人越来越富，穷人越来越穷。在此基础上，即使有金融深化及金融自由化的推行，低收入者融资渠道得到扩展的机会仍然较小，难以融资的局面仍无法得到彻底改观。相反，金融的发展为高收入者获得信贷支持提供了更多的渠道，使其获得高收益回报的方式更加丰富，由此收入差距拉大不可避免。这样的研究结论，在我国的城市和农村得到了充分的印证。

根据第三章的描述，非国有制企业在现行的金融资源配置体系中是明显的弱势群体。在我国城市，由于国有金融机构垄断了金融市场，国有金融机构

---

① See Greenwood, Jeremy, Boyan Javanovic, "Financial Development, Growth and the Distribution of Income", *Journal of Political Economy*, 1990, Vol. 98, No. 5, 1076 - 1107.

在金融资源配置时有明显的所有制偏好,更愿意将金融资源投向有政府“隐性担保”的国有企业,不愿意贷款给非国有的中小企业,结果加重了我国中小企业的融资难度。中小企业无法获取或只能获取较少的金融资源,资本不足导致生产规模难以扩大,劳动生产率难以提高。低生产率造成低产出,低产出又造成低收入。这样,周而复始,形成了一个“低资本—低生产率—低产出—低收入”恶性循环。

城乡金融资源配置的过度非均衡,直接影响了农村经济的发展和农民收入的增加,加剧了城乡收入差距。在我国农村,一边是农村资金通过农村信用社和邮政储蓄渠道源源不断地流向城市;另一边是资金需求缺口巨大,农村贷款远未得到满足。当农户的金融需求在正规金融体系内无法得到满足,转而求助非正规金融时,非正规金融的高利率可能会降低农民的收入,进而扩大城乡收入差距。这是因为农业面临的风险较大,受自然条件的制约明显,农户的还款能力在一般情况下都没有稳定的保障。如果再遇到天灾人祸的突发事件,高利贷就很可能成为压垮这一群体的“最后一根稻草”。高利率的民间借贷虽然为弱势群体提供了金融服务,在一定程度上补充了正规金融的不足,具有积极的社会效应,但也掠夺了借款者的部分劳动收入,加重了借款人财务负担和社会分配不公。

如果不及时矫正金融发展的严重不均衡,收入分配差距还有进一步发展的可能。目前,中国社会的贫富差距已突破了合理的限度,①基尼系数②越过警戒线已是不争的事实。根据国家统计局的数据显示,自 2000 年开始,我国的基尼系数已越过 0.4 的警戒线,并逐年上升。1978 年我国基尼系数为 0.317,2016 年则升至 0.46,近两年仍不断上升,实际已超过了 0.5。当收入分

---

① 2011 年全国农村居民人均纯收入 6977 元,城镇居民人均总收入 23,979 元,城镇居民人均可支配收入与农村居民人均纯收入之比为 3.13∶1,绝对额的收入差距达到 17,002 元。资料来源:中国经济网:http://ww. gov. cn/gzdt/2012 -01/20/content -205056. htm,最后访问日期:2012 年 01 月 20 日。

② 基尼系数是国际上常用的一种收入差距的测量指标,其数值在 0 ~1。数值越高,收入分配的不均等程度越高。按照国际通常标准,基尼系数在 0.3 以下为最佳的平均状态,在0.3 ~0.4 为正常状态,超过 0.4 为警戒状态,达到 0.6 则属于危险状态。

配差距超过社会能承受的最高限值时，就会引发社会动荡。

二、金融资源配置的不公导致社会经济发展的不平衡

金融是现代经济的核心。现代经济是市场经济，市场经济本质上就是一种发达的货币信用经济或金融经济，它的运行表现为价值流导向实物流，货币资金运动导向物质资源运动。金融运行的正常有效，则货币资金的筹集、融通和使用充分而有效，社会资源的配置也就合理，对国民经济走向良性循环所起的作用也就明显。相反，金融资源配置的不均衡会直接影响社会资源的配置，进而导致社会经济发展的不平衡。对于这样的因果关系，国外的学者也有共识。

学者达拉尔·古拉蒂（Dayal-Gulati）和侯赛因（Husain）在2000年的研究结论表明，各地区金融发展与经济增长密切相关。在区域经济发展的过程中，金融的作用不仅表现为对区域资本特殊的聚合功效，还表现为对区域经济显著的结构调整作用，通过这种调整可以产生经济结构重组的结构动力。各地区金融发展的非均衡对各地区的经济发展差距有着显著的影响，各地区金融发展的非均衡会延缓整体经济的增长速度。① 我国是一个发展中大国，各地区的金融发展呈现出明显的非均衡特征，无论从金融机构、金融工具、融资方式、融资机制、货币化与金融深化的程度这些质的方面来看，还是从金融资源与金融交易数量这些量的方面来看，地区间金融发展都存在明显的差异。“近年来，在东部区域经济增长率中，金融的贡献占到1/4多，而中西部地区，金融的贡献度只占到1/10。”②区域金融发展的差异已成为导致各地区经济发展差异的主要因素，而且随着市场经济的发展，金融因素在区域经济差异形成中所起的作用正越来越大。近几年，区域金融发展差异正以加速态势进行扩张，如不加以控制，可能会突破社会能够承受的安全值，增加社会经济的安全隐患，引发社会风险。

---

① See Dayal-Gulati A. ,“Husain A M. Centripetal Forces in China's Economic Take-off”, IMF *Working Paper*, 2000, WP/00/86.

② 慕丽杰：《中国区域金融非均衡发展研究》，辽宁大学2009年博士学位论文，第64页。

除此之外,学者通过分析中国国有银行为国有企业提供贷款的相关数据,指出中国国有银行系统存在信贷歧视,国有银行系统更倾向于向国有企业贷款,国有企业大多地处城市,由此中国金融系统在金融资源的配置上表现出明显的城市化倾向,这直接导致了城乡经济发展的不平衡,①进而影响我国经济社会的协调发展。

三、金融资源配置的不公导致民间金融在体制外"疯长"

金融资源配置的不均衡,落后地区、弱势行业、贫困群体的金融资源需求在正规金融体系中无法得到回应与满足,这迫使他们转向体制外寻找出路,这就为民间金融②提供了生存空间,我国的民间金融正是在这样的背景上潜生与滋长起来的。由于民间金融的存在与不断拓展对体制内金融安排形成了竞争压力,一直以来国家对民间金融的发展都持抑制和限制的态度。虽然有政府的严厉管制,近几年来民间金融也星火燎原地发展着,并且渐渐形成与正规金融鼎立之势。据中央财经大学地下金融课题组对全国 20 个省份实地调查后的统计:"到 2004 年年末,地下金融的规模在 7400 亿元至 8300 亿元之间,基本上相当于正规金融机构贷款业务增加额的近 3 倍。"另据中国人民银行调查统计司对民间融资的调查推算,2005 年我国民间融资规模约为 9500 亿元,占 GDP 的 6.96% 左右,占本外币贷款的 5.92% 左右。③ 这个比例在民营经济发达的部分地区更高。"在 20 世纪 90 年代初的温州,民间借贷规模最高曾达到银行贷款总额的 80% 左右。"④据统计,截至 2010 年年底,温州的融资性中

① See Shang Jin Wei, "Siamese Twins-Is There State-Owned Bias", *China Economic Review*, 1997,8(1).

② 民间金融也称为非正规金融,是相对于中国银行、中国建设银行、中国农业发展银行等正规金融机构而言的,泛指金融市场上未被登记、未被管制、未被记录的一切金融形式及活动,主要组织形式包括自由借贷、民间集资、银背、私人钱庄、合会、典当业信用、民间商业信用和民间合作基金会等。由于非正规金融通常未经监管当局批准或未被纳入金融监管进行规制,因此,一直被视为"地下金融"或"黑色金融"而蒙上了非法的阴影。

③ 胡得官:《我国民间金融问题研究述评》,载《中国农村观察》2005 年第 5 期。

④ 林慧文、朱海洋:《民间金融:在重新认识与强化监管中求发展》,载《安徽农业科学》2006 年第 6 期。

介机构[①]数量达 1879 家,包括 186 家担保公司、1088 家投资(咨询)公司等。2011 年这些机构的数目还在增长。[②]“据中央银行温州支行的统计,截至 2011 年 8 月末温州市参与民间借贷的资本余额大概为 1200 亿元左右,占同期全市贷款余额的 20% 左右。自 2011 年下半年温州金融风波以后,借贷金额下降了 20%,但仍保持在 900 亿元的规模,温州现在贷款余额在 6800 亿元左右。”[③]

民间借贷是民间金融最重要的形式。民间借贷最初发生在亲戚、朋友、邻里之间,多是无息的,主要是互助性质,后来发展到面向个体工商户和乡镇企业,具有商业性质。在我国农村,民间借贷事实上成为农户融资的重要渠道。国际农业发展基金(International Fund for Agricultural Development, IFAD) 2001 年的研究报告显示,中国农民从非正规金融市场获得借贷大约为来自正规金融市场的 4 倍。四川省社会科学院农村经济研究课题组 2005 年对四川省的农户信贷供求情况及其影响进行实地调研,发现能从正规金融机构获得资金的农户还不到调查人数的 2 成,多达 8 成的农户是通过非正规金融获得贷款。2005 年有学者对全国 15 个省、24 个县市村庄的民间借贷进行抽样调查,得出令人震惊的结论:“农村民间借贷行为的发生率竟高达 95%”。[④]

2005~2013 年,民间金融占社会融资规模余额的平均比重为 53.97%,这说明民间金融仍然是我国民营经济融资来源的重要渠道。[⑤]

民间金融虽不在国家正式认可之列,但它在社会经济发展中起到的积极促进作用是不容忽视的。一般而言,民间融资形式灵活,手续简便,在一定程度上为中小企业、个体工商户、农户开辟了融资渠道,扩大了需求者的生产经营资金来源,促进了民营经济、个体经济的发展。同时,民间金融在客观上也

① 在民间,这些机构被称为“地下钱庄”,也被概称为“担保公司”。

② 佚名:《浙江地下金融扩张调查》,载《中国经济周刊》2011 年第 27 期。

③ 朱忠明:《适时发布反映民间资金的“温州指数”》,载财新网金融频道:http://finance.caixin.com/2012-09-11/100436256.html,最后访问日期:2012 年 9 月 11 日。

④ 尚琳:《我国民间金融法律监管问题研究》,吉林大学 2010 年硕士学位论文,第 11 页。

⑤ 刘希章、李富有:《民间金融属性特征、性态演进与规模测度》,载《暨南学报》(哲学社会科学版) 2017 年第 12 期。

分散了正规金融的一部分经营风险，对正规金融有一定的补充作用。

但民间金融的开展一般是以血缘、业缘及地缘等信用关系为基础的，它的特点是运行经营不受国家调控，交易过程不受当局监管，结果也不受法律保护。由于普遍缺乏硬性的约束机制，所以容易引发较高的道德风险，引发一系列的问题。其一，民间借贷的利息较高，一般比银行的同期利率高 3～4 倍，借款人还款压力大，一旦无法按时还款，有的出借人甚至通过暴力威胁甚至带有黑社会性质的追债公司收回欠款，严重扰乱了正常的金融秩序。其二，民间金融的风险也较大，这种自发的、分散的信用活动，因为缺乏正规的管理和严格的法律约束，容易出现金融诈骗、集资人携款潜逃案件，危害社会稳定。2010 年10 月，发生在浙江省宁海、温岭的民间标会的崩盘风暴，短短几天，约上亿元的民间资本蒸发，很多“会头”和“会脚”趁乱卷走巨款，成千上万的会员损失惨重，殃及当地 80% 的家庭，当地经济遭受重创，民间金融蕴藏的巨大风险由此可见一斑。其三，影响国家货币政策的实施。非正规金融活动扩大了金融市场的货币供应量，但这部分货币供应量处于中央银行的监控之外，在正规金融体制外循环，这部分波动缺乏规律性的资金增加了国家对实际货币供应量进行宏观调控的难度。

第四章　金融资源配置不公的原因解析

第一节　政府越位:政府对金融资源的过度控制

我国现阶段的金融资源配置模式,既不同于单纯的计划经济模式,也不同于纯粹的市场经济模式。一方面,随着计划经济体制向市场经济体制的转轨,我国金融体系的市场化程度逐步提高,市场配置金融资源的功能显著增强。另一方面,我国金融业还没有完全放开,政府对金融业仍实行一定程度的管制,政府对于金融资源配置仍有相当大的决定权,市场机制并没有占据支配地位。因此,我国金融资源配置模式更多的是处于中间状态,但政府机制发挥了基础性作用。在金融资源的双重配置模式下,政府在金融市场就有了双重定位:一是为矫正金融市场失灵,维护金融市场的秩序和保持金融体系的稳健;二是对金融资源的配置进行直接控制,以便为体制内经济体的经济发展提供廉价、充足的金融资源。政府功能由此越位。

我国政府一向有控制金融资源的传统。改革开放以后,随着我国市场经济体制的逐步建立,政府在市场经济中的作用正日渐明晰,并逐渐从不该干预的领域有序退出,但在金融资源配置领域,政府的定位还不准确。中国的金融资源基本上由政府主导,金融资源配置的非市场化倾向十分明显,无论是金融资源的价格,还是金融资源的数量、投向,基本上由政府权力主导,而非市场化法则来确定。政府控制金融资源作为特定条件下的必然选择有一定的积极意义,①但其带来的不良后果也十分明显,可以说是造成中国金融资源配置失衡的主要原因之一。

一、金融资源的价格控制

(一)利率控制导致国有与非国有经济金融资源配置不均衡

在市场经济条件下,利率是资金的价格,利率水平高低反映了资金的稀缺程度,对居民的投资、消费决策及一国的汇率、总产出水平等有着重大的影响。在中国,利率一直以来都由政府部门②控制,最主要的表现就是规定金融机构的法定存款利率、贷款利率上限,法定贷款利率是存款利率的数倍。

利率控制带来的收益主要体现在两个方面:一是为国有金融机构创造了超出竞争市场所能产生的收益,二是为国有经济提供金融支持。在中国,普通

---

① 学者卡塔林·皮兹托的研究发现,对于包括俄罗斯、中国以及前东欧社会主义国家在内的转轨经济体而言,特殊的制度起点与经济背景决定了其金融体制改革从一开始就是政府主导的强制性、自上而下的制度变迁过程,政府行为或者说各种政治势力的角力在很大程度上成为推动金融体制改革的重要力量。张杰(1998 年)认为在中国经济转轨的条件下,政府对金融的严格控制是维持中国金融与经济发展的重要原因。See Katharing Pistor,"The Stansdardi-zation of Law and Its Effect on Developing Economies",G—24 *Discussion Paper Series*,No. 4,June 2000.

② 中国人民银行对几乎所有利率都严格管制,它不仅直接制定 3 种基准利率——金融机构在中国人民银行的储备金存款利率,金融机构的再贷款利率以及再贴现利率,而且还一直控制着金融机构的法定存款利率、贷款利率及票据贴现利率。如果加上中国人民银行可以完全左右的银行间债券市场即主要货币市场利率以及我国境内的外汇存、贷款利率,那么中国人民银行竟然可以支配 9 种不同类别的利率。而美国等成熟市场经济国家的中央银行通常只控制贴现率(相当于我国金融机构的再贷款利率)、联邦基金利率(相当于我国银行间债券市场利率)两种主导利率。参见刘春梅:《"放松贷款利率管制":现实选择、理论模型与经济效应》,载《河北大学学报》(哲学社会科学版)2006 年第 1 期。

居民有储蓄的习惯,一方面是因为中国资本市场尚不发达,金融资产品种少且替代性弱,加之社会保障制度还不健全,只得“被迫储蓄”;另一方面政府以国家信誉的形式为国有银行大量吸收储蓄存款提供隐形担保,消除了国有银行储蓄存单拥有者的风险顾虑,因此,居民储蓄每年都保持着高额增长。充足的银行储蓄,按照国有企业承受能力量身制定的低利率,国有经济的发展因此能获取大量廉价的金融资源,政府由此实现了对利益集团的转移补贴。统计资料显示,1993 年年初国有银行各项贷款余额为 22,608.12 亿元,如果按照市场利率计算,1 年的利息在 4883.3 亿 ~ 6511.1 亿元,但如果按国家规定的银行利率计算,则 1 年的利息约 2563.8 亿元,其间的差额为 2319.5 亿 ~ 3947.3 亿元。这无形中为国有经济提供了巨额补贴。截至 2007 年年底,我国银行贷款余额达到 27.8 万亿元,如按此口径计算,利息差额将达 28,531.9 亿 ~ 48,533.8亿元。①

虽然如“金融约束理论”②阐述的那样,在特定的历史环境下,低利率政策能为转型国家的国有金融部门创造更多、更安全的收益,大幅度提高它的盈利水平,从而可能使金融中介的效率提高,社会福利得到增进。在一定阶段实行利率管制是有充分理由的,甚至在当时的历史环境下,可能是最为合理的选择,但随着金融改革进程的推进,这一政策的弊端也会逐渐暴露出来。利率控制使利率不能反映信贷市场的资金供求状况变化,利率引导配置资源的基本功能被弱化。在市场经济条件下,金融资源应向经济效率明显、资信情况优良的行业与部门转移,从而促使资源优化配置,然而当前的实际情况是,一些效

---

① 陈曦:《中国金融监管寻租问题研究》,吉林大学 2008 年博士学位论文,第 45 页。

② “金融约束理论”是由赫尔曼(Hellmannm)在 1996 年提出来的,后来经默多克(Murdoek)、斯蒂格利茨(Stiglitz)进一步发展。他们之所以提出这一术语,是为了区别于“金融抑制”和“金融自由化”。他们认为对发展中经济和转型经济而言,“金融抑制”的负面作用是非常明显的,但贸然推行“金融自由化”达不到预期效果,所以必须走第三道路,即所谓的“金融约束”。金融约束是发展中国家从金融压抑状态走向金融自由化过程中的一个过渡性政策。金融约束是指一组金融政策,如对存利率加以控制、对贷款利率加以控制、对金融市场的竞争加以限制等,政府通过一系列的金融政策为银行创造租金,增加银行的特许权价值,使其有动力成为长期的经营者。

率差、负债率高甚至资不抵债的企业却能经常性地得到充裕的资金。企业的国有性质带来的隐性担保是这些企业源源不断地得到资金的重要原因。这样的金融资源配置不仅造成社会福利和经济效率的损失,而且还导致了国有与非国有经济金融资源配置的严重不均衡。

(二)股价控制导致国有与非国有经济金融资源配置不均衡

股价控制在中国证券市场的发展早期曾起到过积极作用。从20世纪80年代中期至1992年10月国务院证券委和中国证监会正式成立,是中国证券市场的萌芽阶段。在这一阶段,主要由地方政府负责股票的发行与上市审批。由于股份制和资本市场尚属新鲜事物,未深入人心,即使股票的发行价格低于面值也鲜有人购买。为了将股票顺利发行出去,地方政府制定了低价发行政策,即不仅股票发行定价明显低于公司价值,而且还附带最低收益率保证。这在一定程度上激发了当时刚刚开始具有投资意识的人购买股票的积极性,加速了股票的发行。另外,地方政府在发行股票时广泛采用的"行政摊派",在推动股票市场从无到有、从小到大方面发挥了重要作用。

随着证券市场的发展,股票定价的方式也不断向市场化方向转变。1998年《证券法》明确提出了新股发行定价必须采取市场化定价的方式。虽然有法律的明文规定,但实际上股票发行价格还是存在不成文的隐性限制。① 政府将一级市场的股票发行价格与股票市盈率②控制在偏低的水平,其目的是很明确的,低市盈率更有利于股票的发行和销售,政府试图通过股价控制尽可能地确保股票发行成功,尽可能地通过证券市场为国有企业筹集到更多的资金。这虽然解决了国有企业的融资问题,但客观上也造成了金融资源在国有经济领域的过分集中,非国有经济本有可能获得的金融资源无形中受到了

---

① 2000年闽东电力以市场化定价发行新股,其88.69倍的发行市盈率创下了中国股市发行市盈率之最。虽然闽东电力发行成功,但是如此高的发行市盈率给二级市场带来了巨大的风险,出于降低风险的考虑,此后管理层基本确定了发行价为20倍市盈率的不成文规定。2002年和2003年,新股发行的市盈率一般都在20倍左右。参见李世全:《下半年一级市场申购收益率分析》,载《中国证券报》2003年7月1日。

② 股票市盈率是指每股的股票价格与税后利润之比,因此,市盈率的高低与股价的高低是一致的。

挤压,国有经济体与非国有经济体之间的资源配置不均衡由此又多了一层必然性。

二、金融资源的数量与投向控制

(一)货币市场的信贷数量控制导致了金融资源配置失衡

金融资源配置由政府高度控制,集中体现在货币市场的信贷管理制度。尽管1979年后中国的信贷管理制度经历了一系列改革,各个阶段制度的内容不尽相同,但都内含有信贷数量控制的共同意旨。无论是"统一计划、分级管理、存贷挂钩、差额包干""统一计划、划分资金、实存实贷、相互融通",还是"贷款限额管理""资产负债比例管理",其目的只有一个——将贷款总量控制在计划的限额内。进行信贷总量控制虽然有利于国家在总体上把握经济发展走势,但也束缚了各商业银行业务拓展的积极性,无形中减少了非国有经济体获得信贷资金的可能性,不利于金融资源的均衡配置。"银根收紧的时候,银行贷款首先满足政府的项目需求和大企业需求,被挤压的是小企业,这是肯定的。因为政府的项目是压不下来的,而贷给大企业的成本和风险都远比中小企业的低。"①

(二)证券市场的上市公司数量及股票发行数量控制导致了金融资源配置失衡

一直以来,政府对上市公司资格授予的控制都是很严格的。根据国务院证券委员会② 1993年颁布的《股票发行与交易管理暂行条例》第12条规定,在当时,我国政府对上市公司股票发行的严格管理主要体现在以下两个方面:一是通过上市公司资格的两级审批制控制上市公司数量;二是实行股票发行额度控制,控制股票发行规模。在我国证券市场建立之初,实行审批制与配额制有一定的合理性和必要性。它有利于中央政府控制证券市场的规模与稳定

① 佚名:《浙江地下金融扩张调查》,载《中国经济周刊》2011年第30期。

② 国务院证券委员会成立于1992年10月,是全国证券市场的主管机构,依照法律、法规的规定对全国证券市场进行统一管理。1998年根据中央金融工作会议精神,中国对证券市场管理体制进行了改革,国务院证券委员会撤销,其职能并入中国证监会。

性。配额制为地方政府之间争夺配额制的竞争奠定了基础,地方政府与中央有关部门通过激烈的讨价还价确定每一地区所享有的份额,[①]这在一定程度上促进了证券市场的发展。[②] 但行政管制带来的金融资源配置不均的后果,也是很明显的。这是因为政府控制上市公司数量及股票发行数量,客观上有利于国有企业筹集资金,在上述制度的严格控制下,可以到证券市场融资的主要是国有企业,且是急需资金的国家重点发展企业或急需照顾的困难企业。股票市场成了国有企业垄断的融资场所,其他产权形式的企业主体很自然地被排除在资本市场之外,非国有经济体在密不透风的制度下想要寻找到上市融资的机会真是难上加难,国有经济体与非国有经济体之间金融资源配置的严重失衡由此产生。

(三)货币资源流向控制导致了金融资源配置失衡

从我国的实际情况来看,中央政府与地方政府都或多或少地体现出控制货币资源流向的意图。总体来看,随着我国市场经济体制改革的推进,中央政府层面对货币资本的控制程度明显减弱,特别是在加入世界贸易组织(World Trade Organization,WTO)以后,中央政府给予了商业银行较大的经营自主权,但是货币资源流向的控制仍然存在。"国有商业银行在股份制改革中仍然担负一些政策性职能,其资金运用有相当一部分投向指定行业和企业等。"[③]"中央银行确定信贷投向的总体原则是为完成国家经济发展计划提供资金支持,重点支持国家优先发展的项目。"[④]

在地方政府层面,分权化的改革使地方政府拥有更大的自主权,地方政府与中央政府在争夺金融资源控制权的博弈中达成均衡——中央政府拥有国有金融资源控制权,地方政府获得地方金融资源控制权。保护型和掠夺型地方

① 皮天雷:《法与金融——理论研究及中国的证据》,中国经济出版社2010年版,第140页。

② 如果某地上市公司业绩良好,则给予奖励,给予更多的市场份额,从而促进了该地金融市场的快速发展;如果该地上市公司陷入困境或表现不佳,则给予惩罚,减少该地的配额。

③ 付一书:《金融资源的流动与行政壁垒的约束》,载《金融理论与实践》2005年第7期。

④ 易秋霖:《中国的非均衡金融》,经济管理出版社2004年版,第13页。

政府[1]出于财政压力以及发展本地经济的考虑，往往积极为本地区争夺金融资源，干预属地内金融机构的信贷，甚至人为地划定一个市场边界并设置许多壁垒。对于金融资源的流入，地方政府往往是敞开大门，甚至给予各种优惠政策吸引市场外部金融资源，但对于本地金融资源的外流却进行严格控制，在金融资源外流的各个环节设立了各种行政壁垒。大量的研究表明，转型时期，我国地方政府的干预行为的确促进了该地区的金融发展，但不受约束的政府权力会产生对私人财产的掠夺和契约的破坏，也会对分散的私人投资和企业资本扩张产生强烈抑制，造成金融资源配置失衡，从而阻碍金融的发展。

第二节 有意而为：错位的金融监管

基于金融市场失灵，政府确实有必要进行金融监管。然而，金融监管归根结底只是手段，目的是辅助市场机制对资源配置起基础性作用，以实现资源高效配置。尽管由于国情和发展阶段不同，各国（或地区）法律对金融监管目标的表述及实际做法有一定差异，但总的看来，金融监管的目标一般都被定位为限制金融领域的不正当竞争，维护金融业的公平、有序竞争。保护存款人、投资者和社会公众利益。从整体上维护金融体系的安全和金融市场的秩序，促进金融与经济的安全健康发展。如果实践中金融监管偏离了上述目标，没有起到这样的作用，甚至在一定程度上妨碍了市场机制的基础性资源配置功能，就说明制度的功能设计出现了错位。错位的金融监管是金融资源配置不均衡的重要原因。

---

① 有学者把地方政府划分为进取型、保护型和掠夺型三种，即如果是一个进取型的地方政府，那么它就能够促进金融发展的增长效应；如果是一种保护型的或者掠夺型的政府，那么它就可能反过来损害这种增长效应。参见周业安：《金融市场的制度与结构》，中国人民大学出版社2005年版。

一、赶超战略、政府利益偏好与金融监管制度设计偏差

（一）赶超战略与金融监管制度的设计

在中华人民共和国成立初期，我国经济上一穷二白，以美国为代表的西方国家实行了一系列在政治上孤立、经济上封锁中国的措施，出于对当时国际国内政治、经济因素的全面考虑，中国选择了优先发展重工业的赶超战略。①

重工业的特点在于初始投资规模大，建设周期长，而当时中国经济的基本情况是资金与外汇都处于短缺的状态，市场汇率水平高昂，经济剩余少，资金动员能力弱。金融资源的禀赋特点以及资源动员能力，决定了在当时的客观条件下是不适宜优先发展重工业的。如果依靠市场机制来配置资源，是不可能把金融资源导向重工业部门的，赶超战略就无法实现。为实现赶超战略，集中金融资源支持重工业快速发展，政府进行了一系列的制度安排，人为压低重工业发展的成本，即压低资本、外汇、能源、原材料、农产品和劳动的价格以降低重工业资本形成的门槛，以"剪刀差"的形式向工业提供其所需的现代化原始积累。于是，一套排斥市场机制作用，以全面扭曲产品和要素价格为内容的宏观政策环境由此形成。② 这种政策环境包括低利率政策、低汇率政策、低工资和低能源、原材料价格政策、低农产品价格和其他生活必需品及服务价格政策等。

国家的赶超战略影响了金融监管制度的设计与安排，直接导致我国金融监管制度目标设定上的偏差。金融监管制度设立的初衷，由从整体上维护金

① 之所以称其为"赶超"，是相对于这种战略所确定的产业目标，与资源禀赋所要求的产业结构之间存在巨大的差异而言的。在一个开放的竞争性市场经济中，一个资本有机构成结构和资源禀赋结构相距甚远的产业（包括在资金相对稀缺的经济中资金相对密集的重工业，以及在资本相对密集的经济中劳动力相对密集的轻工业），在市场竞争中是无法获得社会可接受的利润水平的，甚或发生大量的亏损，因而是没有自生能力的。以发展没有自生能力的产业为目标的战略就是赶超战略。参见林毅夫、蔡昉、李周：《中国的奇迹：发展战略与经济改革》（增订版），上海三联书店、上海人民出版社 2001 年版，第 38 页。

② 林毅夫、蔡昉、李周：《中国的奇迹：发展战略与经济改革》（增订版），上海三联书店、上海人民出版社 2001 年版，第 29 页。

融市场秩序变异为保证国家对金融资源的直接或变相控制，以保障体制内经济发展对资金的需要。虽然我国在1979年以后进行了市场经济改革，从优先发展重工业转向发展能发挥资源比较优势的劳动力密集型产业，但根据学者的研究，自1979年后中国的金融改革与经济改革存在一个错位，金融改革滞后于经济改革，①因此，赶超战略对金融监管制度的影响还是一直延续了下来。

（二）政府的"利益偏好"与金融资源配置目标错位

公共选择理论（Public choice theory）产生于20世纪40年代末的英国，后经美国著名经济学家詹姆斯·布坎南（James Buchanan）发扬光大。公共选择理论的一个代表性观点是：政府并不是一个抽象实体，它有自己的利益目标与利益偏好，它并不是我们所想象的那样，总是一心一意地追求社会总体福利最大化目标。根据公共选择理论，政府虽然名为全民总代表的一种公共机构，其一切行为应当以社会公共利益为依归，然而，政府毕竟是由一定机构和官员组成的组织，有其组织自身的利益目标，政绩、选票、地方利益、部门利益等。作为官员的自然人也有其自身的利益，如职级升迁、福利收入等。既然"人是一个自利的、理性的、追求效用最大化的人"，而政府只是在个人相互作用基础上的一种制度安排，因此，政府同样是以追求自身利益最大化为其行动准则的。这样，在个人利益的最大化追求的内在冲动之下，政治家和公务员的权力运用，极有可能偏离政府的公共利益最大化目标。当其自身的利益目标与社

---

① 学者易秋霖在将金融体系的市场化改革进程与经济体系的市场化改革进行比较后认为，自1979年后，中国的金融改革与经济改革存在一个错位，即在1979年前，是非独立、不成体系的金融与完整的计划经济体系相对应；1979～1997年，是非市场金融体系（计划金融体系）与转型中的经济体系相对应，表现在制度运行上，金融体系的运行制度以计划制度（如信贷制度）为主，而经济体系的运行制度自1978年起就开始了市场化改革，其中重要的有农村家庭联产承包责任制、价格体系改革、股份制试点等。1998年之后，是转型中的金融体系与相对更完善的市场经济体系相对应，金融体系以资产负债比例管理和利率市场化为标志的金融市场化改革刚刚开始，而经济的市场化改革进程已经走得更远，如中小国有企业的民营化、中央部署企业脱钩、大型国有企业的股份制改革与上市等。对比的结果表明，金融改革滞后于经济改革。1998年刚好是中国经济改革20年，所以金融市场化比经济市场化晚了约20年。参见易秋霖：《中国的非均衡金融》，经济管理出版社2004年版，第27页。

会公共利益不一致时,其所实施的政府行为就有可能受自身利益目标的驱使而偏离社会公共利益。在国家调节经济以后,政府自身的利益偏好就构成政府不当干预的深层原因,并且诱致国家调节偏好偏离社会公共利益的机会显著增多。政府作为金融资源配置的重要主体,它的利益偏好对金融资源的配置具有重大影响。

我国政府不单是一个社会经济管理者,还是国有资产管理者。尽管这种状况随着体制改革的进程有所改观,但至少目前这种情况还存在且得持续一定时间。[①] 作为社会经济管理者,政府要实现和维护社会公共利益,实现资源分配的公开、公平。作为国有资产管理者,它要保证国有资产保值增值,资源分配时尽量向国有经济体倾斜,将有限的金融资源更多地配置给国有经济体。一身多角,使政府很难界定自己什么时候应该充当什么样的角色,于是就会产生角色冲突而后产生角色错位,就会为了支持国有经济体的发展而忽略甚至牺牲了社会利益的均衡。

二、金融监管制度错位的具体表现

在"政府自身利益偏好"的影响下,我国金融监管制度在以下两个层面出现了错位:一是金融市场准入制度的错位。实行市场准入监管本应是为防止不合格的金融机构进入金融市场,保持金融市场主体的有序性,但在赶超战略的影响下,我国金融市场准入制度的目的变异为不给予(或较少给予)其他所有制形式的出资人兴办金融机构的机会,以保持国有金融机构在金融市场上占据垄断地位。二是金融市场退出监管制度的错位。健全的金融市场退出监管是完善的金融监管制度必不可少的组成部分,从我国的实际情况来看,虽然我国也建立了相应的市场退出机制,但其还远不能称为完善,这为国有金融机构提供了变相保护。

---

① 陈乃新:《经济法理性论纲——以剩余价值法权化为中心》,中国检察出版社 2004 年版,第 158 页。

(一)带有歧视民间资本倾向的金融市场准入制度

由于市场准入监管直接关系一个国家金融业的结构、规模以及之后的风险监管和业务监管能否顺利进行等一系列现实问题,所以各国在金融监管实践中历来十分重视准入环节,并把市场准入管制看作金融监管的第一道屏障。但不同的国家和地区,在不同的经济发展阶段和不同的风险领域对市场准入的要求并不相同。通常在市场经济条件下,金融市场准入制度的设计应该依据经济发展的条件和金融业发展的要求,考虑社会公众对金融产品的需求,考虑金融市场稳定秩序的维护,建立在鼓励竞争基础上的金融市场准入制度才可能是公平合理的。

一般来说,对新进入者的市场准入要求主要包括以下几点:第一,有符合法律规定的最低注册资本金;第二,基础设施齐全到位,如标准的营业场所、安全的防卫措施、专业的信息处理设施等;第三,有健全的组织机构和管理制度以及符合法律规定的章程;第四,高级管理人员要具备相关的专业知识、相应的从业资格和良好的职业品行,以往从业经历无不良之记录,其中最低资本金、高级管理人员的从业资格和业务范围的审核认定是市场准入最核心的内容。[①] 我国的金融市场准入制度基本也采用上述标准,但生产资料公有制的经济制度,加之银行业自身的特殊性、重要性以及我国金融发展滞后的状况,使我国在金融市场准入制度设计时,又多加了一个重要的考虑因素——资本的所有制性质。在我国,一直以来,民间资本被严格限制进入金融服务领域,仅可以参与有限的几种金融机构的经营。金融市场准入标准实际上存在对民间资本的所有制歧视。

1.歧视性的监管理念

马克思、恩格斯在《共产党宣言》中就曾指出:“无产阶级在成为统治阶级之后,要通过拥有国家资本和垄断国有银行,将信贷权集中掌握在国家手里。”[②]而列宁也曾指出,“银行是现代经济生活的中心,是整个资本主义国民

---

① 吴腾华主编:《金融市场学》,立信会计出版社2004年版,第344页。

② 严荣:《马克思主义视野下的西方国家银行国有化》,载《当代经济研究》2010年第4期。

经济体系的神经中枢”，因此，银行在从资本主义向社会主义过渡中有着重大的作用。他认为，大银行是实现社会主义所必需的，必须实行银行国有化。“只有实行银行国有化，才能使国家知道几百万以至几十亿卢布流动的来去方向、流动的方式和时间……才能在行动上而不是口头上做好对全部经济生活的监督。做好对最重要产品的生产和分配的监督，才能做到调节经济生活。”①上述文字传达出了一个共同意旨：金融是经济生活的枢纽，关乎国民经济的运行，无产阶级要想巩固自己的政治根基，必须将金融业置于自己的控制之下，银行必须由国家全权掌控，实行垄断经营。

这些理论对社会主义国家的金融业发展、金融业监管产生了重要影响，成为民营资本进入金融业的理论障碍。金融业监管者受此理论影响，有浓重的“所有制情节”。在监管制度设计与执行中，根据资本的“出身”不同，将被监管者分成三六九等，对于不同的出身持不同的监管态度。同样是资本，同样是进入金融领域投资，国有资本却几乎不受任何限制。外国资本虽然虽有明文限制，但随着日渐融入 WTO 组织，我国逐步加大了对外资开放的力度，逐步给予外资国民待遇，外国资本进入金融领域的范围正逐步加大。另外，外国资本兴办金融机构，在税收等方面享有优惠政策。相对于国有资本和外国资本而言，民营资本遭到了明显的歧视。同样是投资，外国资本能享受税费减免，还有政府护航，国有资本则有财政和银行的扶持，可民间资本，却处境艰难。目前全社会的 80 多个行业中，允许外资进入的有 62 个，允许民间资本进入的只有 41 个，民间资本在金融业中的份额只占 9.6%。

2. 设置“隐性”门槛的市场准入制度

从目前的法律规定来看，我国法律并没有明文禁止民营资本进入金融领域。以银行业为例，对于商业银行，《商业银行法》并没有禁止民营资本参与商业银行的设立。对于农村金融机构而言，民营资本历来都是该类机构资本金的重要来源。《农村商业银行管理暂行规定》明确规定，农民、农村工商户、企业法人和其他经济组织都可以作为农村商业银行的发起人。《关于规范向农

---

① 《列宁选集》(第 3 卷)，人民出版社 1995 年版，第 236～239 页。

村合作金融机构入股的若干意见》提出，自然人、企业法人和其他经济组织符合向金融机构入股条件的，均可申请向其户口所在地或注册地的农村合作金融机构入股。对于非银行金融机构，《信托投资公司管理办法》《金融租赁公司管理办法》《企业集团财务公司管理办法》《汽车金融公司管理办法》《货币经纪公司管理办法》等均没有限制民营资本参与金融机构的规定。《保险法》对保险公司主要股东的要求是具有持续盈利能力，信誉良好，最近3年内无重大违法违规记录，净资产不低于人民币2亿元，也没有禁止民营资本参与保险公司的设立。

从表面上来看，似乎民间资本进入银行业合理、合法，但是至今为止，我们仍然没有看到金融领域的所有制结构有明显的变化，也没有看到真正意义上的民营金融机构的出现，这说明法律没有明文禁止民营资本进入金融领域，不意味着民营资本进入金融领域没有任何障碍。事实上，民间资本难以进入金融领域的最大症结就在于"隐性"门槛的存在。

(1)民间资本进入金融市场的审批标准不明

目前，包括我国在内的世界上的大部分国家和地区对金融机构的设立采取审批制度。金融监管者掌握着最后的审批权，监管机构不批准，民间资本就没有任何机会，热情再高也没有丝毫作用。法律不禁止不代表能顺利通过审批，如果得不到批准，法律上不禁止民间资本进入金融领域的规定就没有实际意义。在机构准入上，监管当局一直持审慎态度。

虽然我国银行业的机构结构和地域结构仍需调整，但鉴于银行业机构数量基本饱和，银行业的潜在风险仍然较大，并且高级专业人才仍然十分紧缺，所以为防范金融风险保护存款人利益，监管当局对银行业机构的市场准入仍持十分慎重的态度。①

① 例如，我国的《商业银行法》第11条规定："设立商业银行，应经国务院银行业监督管理机构审查批准。未经国务院银行业监督管理机构批准，任何单位和个人不得从事吸收公众存款等商业银行业务，任何单位不得在名称中使用'银行'字样。"第24条第5款规定：商业银行变更持有资本总额或者股份总额5%以上的股东，应当经国务院银行业监督管理机构批准。这说明，民间资本进入银行领域，无论是初始设立时的进入，还是银行存续过程中的股东资格变更，都必须得到国务院银行业监督管理机构批准。参见《银监会副主席谈民营资本进银行业称无法律障碍》，载http://biz.cn.yahoo.com/06-04-/36/gvjg.html，最后访问日期：2010年12月12日。

对民间资本获得金融机构控股权或新设金融机构，监管部门原则是不准入、不审批，不发给民营企业金融许可证，金融许可证就如拦路虎，挡住了民间资本进入金融领域的步伐。

严格限制民间资本进入金融市场，表面上源自对民间资本进入金融领域带来风险的担忧，实质上是为了确保国有金融机构在金融市场的垄断地位，确保足够的居民储蓄流入国有金融体系，便于国家对金融资源的垄断式控制。风险不能成为因噎废食的理由，风险不能成为拒绝竞争的护身符和挡箭牌。放弃对民间资本的歧视是金融市场化改革的重要一步。有竞争，才是真正的市场。

(2)注册资本门槛过高

我国金融机构的注册资本最低限额远远高于国际通常的设立要求。《商业银行法》第 13 条规定："设立全国性商业银行的注册资本最低限额为十亿元人民币。设立城市商业银行的注册资本最低限额为一亿元人民币，设立农村商业银行的注册资本最低限额为五千万元人民币。注册资本应当是实缴资本。"而美国国民银行的注册资本最低限额为 100 万美元，日本商业银行的最低开业资本为 10 亿日元，在德国办理存款业务的各类银行的最低资本金数额为 600 万德国马克。[①] 我国《保险法》第 69 条规定："设立保险公司，其注册资本的最低限额为人民币二亿元。国务院保险监督管理机构根据保险公司的业务范围、经营规模，可以调整其注册资本的最低限额，但不得低于本条第一款规定的限额。保险公司的注册资本必须为实缴货币资本。"而根据英国《保险法》的规定，股份保险公司资本金的最低限额为 10 万英镑，相互保险机构不少于 2 万英镑。日本规定国内保险公司的最低实缴股份资本为 3000 万日元。美国纽约州规定寿险股份有限公司已缴资本不低于 300 万美元。普遍偏高的注册资本要求，直接给行业筑起过高的资本壁垒，民间资本相对于国有资本实力弱小，高标准的注册资本要求成为民间资本进入金融领域难以逾越的一道门槛。

---

① 胡国斌：《金融监管权及其法律控制研究》，复旦大学 2008 年硕士学位论文，第13 页。

(二)不健全的金融市场退出制度

1.我国的金融机构市场退出制度还有待完善

金融机构的市场退出,不仅直接关系到金融客户、债权人的利益,还关系到一国金融市场的安全和稳定,这客观上要求建立完善缜密的法律制度来规范金融机构的市场退出行为。虽然在我国的金融实践中,不乏问题金融机构在监管当局的要求下被动退出市场的案例,例如,1995 年中银信托投资公司由于存在严重违规经营、内部管理混乱、资产资量差、不能支付到期债务等问题,被广东发展银行收购,成为我国首家退出市场的金融机构;1998 年海南发展银行因违规经营导致无法支付到期债务,被中国人民银行关闭,成为我国第一家被关闭的银行;1999 年广东国际信托投资公司首开金融机构进入司法破产清算程序的先例;2003 年大连证券由于违法违规行为严重成为第一家被中国证监会取消证券业务许可并责令关闭的证券经营机构。① 但相对于我国金融市场上庞大的市场主体而言,通过法律程序退出金融市场的金融机构仍可称为凤毛麟角,一些经营不善的金融机构仍然在金融市场中挣扎着。这种情况的出现,与我国的金融机构市场退出法律制度的不健全有很大的关系。这种不健全主要体现在以下几方面:

(1)现有的法律规定过于笼统,缺乏金融机构市场退出的专门规定

应当说,我国金融机构的市场退出在一定程度上还是有法可依的,现行法律、行政法规和规章对金融机构市场退出方式和条件作了一些初步的制度安排。当前,我国对金融机构的解散、撤销、破产等市场退出形式进行监督和管理的法律规范主要有《企业破产法》(2006 年)、《中国人民银行法》(2003 年)、《商业银行法》(2003 年)、《保险法》(2009 年)、《证券法》(2005 年)、《公司法》(2005 年)、《金融机构撤销条例》(2001 年)、《证券公司风险处置条例》(2008 年)、《保险公司偿付能力额度及监管指标管理规定》、《信托投资公司管理办法》、《金融租赁公司管理办法》、《企业集团财务公司管理办法》等。虽然法律、法

① 黄韬:《我国金融机构市场退出法律机制中的"权力版图"司法权与行政权关系的视角》,载《中外法学》2009 年第 6 期。

规的数量不少,但上述规定除《金融机构撤销条例》和《证券公司风险处置条例》外,针对性皆不强。对金融机构市场退出的方式、方法、标准、范围、程序等缺乏具体的规定。以《企业破产法》为例,《企业破产法》的适用对象主要是不能清偿到期债务,并且资产不足以清偿全部债务或者明显缺乏清偿能力的一般性企业法人,金融企业由于其经营具有特殊的外部性而与一般行业的企业法人有明显的差别,不能直接适用《企业破产规定》的破产程序。《企业破产法》制定时,充分考虑到了这种差别,特别提到"金融机构实施破产的,国务院可以依据本法和其他有关法律的规定制定实施办法"。但理论与实际条件所限,金融机构市场退出的专门规定时至今日也没有出台,无形中减少了金融机构退出市场的可能性。

(2)现有的法律规定过于简单,缺乏可操作性

《商业银行法》中涉及问题金融机构市场退出的规定,一共只有 9 个法条,其中涉及商业银行破产的规定仅有第 71 条,仅规定了商业银行破产后清算组的成立和债务清偿的顺序。2008 年颁布的《证券公司风险处置条例》重点关注的也只是清算组的组成,对清算组的职权、清算程序、清算时间等问题都没有涉及。《银行业监督管理法》的相关规定只有第 38 条、第 39 条两条。《保险法》规定保险公司破产的仅有第 149 条,规定保险公司撤销的只有第 150 条。《证券法》中只是提到了证券公司的托管和撤销,并未涉及证券公司破产的相关事宜。《中国人民银行法》中涉及金融机构市场退出方面的条款仅有第五章和第七章部分条款。相对于复杂的金融企业破产实践而言,上述规定明显过于简单,可操作性也亟待完善。

2. 不健全的市场退出制度变相地保护了国有金融机构,加剧了金融资源错配

应当说,金融市场退出制度与金融市场准入制度具有同等重要的意义。市场准入制度将不合格的申请者排斥在市场之外,市场退出制度将严重违规或达到破产要求的金融机构清除出金融市场,二者相互配合,共同保障金融市场运行的安全和稳健。正如巴塞尔银行监管委员会在 2006 年 10 月修订后的《有效银行监管核心原则》中所表述的,"银行业监管不能够,也不应当保证银

行不会倒闭。在一个市场经济体中,倒闭就是作为风险承担的一个部分”。①遗憾的是,相对于我国有些错位但形式上完整的金融市场准入制度而言,我国的金融市场退出制度甚至连形式上的完整性都没有达到,这种形式与内容的双重不健全实质上变相地保护了国有金融机构,在一定程度上加剧了已有的金融资源错配。

不健全的市场退出机制,对国有金融机构无法形成足够的外在经营压力,助长了国有金融机构的竞争惰性。巴塞尔银行委员会在最新发布的《有效银行监管核心原则(征求意见稿)》中指出:“果断地让那些经营不善、失去竞争力的问题机构退出市场,可以对其他金融机构形成外在压力,激励其不断提高经营管理水平,增强竞争能力,从而保持金融业持续而高效的发展活力。”市场退出机制不完善,无法让果断地让那些经营不善、失去竞争力的问题金融机构退出市场,金融机构就没有足够的外在压力去不断提高经营管理水平和增强竞争能力。既然淘汰规则不清,不管经营效果能力如何,“出局”的可能性都很小,甚至出现问题时也可能得到多方救助而继续与健全的金融机构展开竞争,国有金融机构又何苦对自己苦苦相逼?这种对缺乏效率的金融机构变相的保护,最终会影响金融竞争的公平性和合理性,破坏金融竞争机制,损害金融市场竞争秩序。

市场有效运行的重要机制之一,就是不断地吐故纳新,淘汰经营失败者,吸纳新生力量,促进资源合理有效配置,同时有效提高整个市场的内在质量。只有市场准入制度,没有市场退出制度或者市场退出制度不健全,经营违法或经营不善的金融机构始终存在,金融市场将缺乏有序的自我更新功能,市场主体的质量就难以持续提高。不健全的市场退出机制无法将经营失败的国有金融机构淘汰出局,因此无法优化资源配置,甚至会加剧已有的金融资源错配。

---

① “Core Pnnciples for Effective Banking Supervision”, *Basel Committee on Banking Supervision*, October 2006.

第三节　无心之过:“一刀切”的金融调控

我国是一个幅员辽阔的大国,东部和中西部地区的自然条件、资源禀赋、产业结构、经济的景气程度以及市场化程度等方面存在的显著的差异。从经济发展的市场化程度来看,东部地区金融的市场化程度更高,有较强的资本积聚能力,金融机构和企业也有较强的拓展融资渠道的意识与能力,金融配置效率相对较高。而中西部地区的金融计划成分占主导地位,市场发育程度低,资金需求主体对融资成本的承受能力比较弱,对金融资源潜在的需求未能转化为现实的需求,金融资源只能产生较低的利用效率。从经济发展的景气程度来看,我国不同地区的经济发展水平是有“冷”“热”差异的,其中东部地区的经济发展水平普遍高于全国平均水平,西部地区则普遍滞后于全国平均水平。当东部沿海地区处于“温暖”状态时,中西部广大省区可能还处在“偏冷”状态之中。当全国景气值达到较高状态时,东部地区可能已经进入“高热”状态,而西部地区可能刚刚进入“回暖”状态,而当因东部地区经济“过热”而被迫对全国经济进行调整时,西部地区经济发展的回落速度又会高于东部地区,因此更早地进入低于全国平均水平的低谷区。

目前,我国实行的金融调控更多的是以区域金融运行一体化为前提,强调金融政策的统一性。考虑到沿海省区作为推动国民经济高速增长的引擎和主力,其经济波动与我国整体经济的波动基本呈现一致性,所以我国宏观金融调控政策的制定,更多的是以东部沿海经济发达地区的经济运行为参照系。以发达地区作为统一金融调控政策制定的基础,虽然带来了政策制定和推行的便利,但也带来了因忽略地区差异造成的金融资源配置不均衡。

由于不同区域的金融和经济发展水平不同,不同区域的政策传导阻力又与其发达程度高度相关,落后地区的政策传导阻碍远大于发达地区,导致各地区对同一政策的反应不同。这就使统一货币政策尽管表面平等,但政策效应却不平等。整齐划一的金融政策可能有利于某些区域而不利于另外一些区域,按照一个标准、一个目标、一个模式制定的“一刀切”式宏观政策不仅没有使落后地区资金短缺、金融市场发育缓慢的状况得到改善,甚至还会使其“雪上加霜”。

一、统一的存款准备金政策使落后地区资金更加匮乏

存款准备金政策,历来是各国中央银行推行其货币政策的主要工具。它对于保证商业银行经营的流动性,提高银行的清偿能力从而保证存款人、债权人的利益以及加强信用规模的宏观调节均具有重要意义。但是,在经济运行区域化的条件下,统一的存款准备金在客观上不利于地区经济的协调发展。西部地区在货币化水平、资金周转率等方面要落后于东部地区,当存款准备金率调低时,由于西部地区的资金扩张倍数小于东部地区,导致其货币供应量要少于东部地区;而当调高存款准备金率时,由于金融结构单一、市场不发达、西部地区货币供给缩减幅度又大于东部地区,对经济的冲击更为严重。因此,按统一准备金率交存准备金必然会加剧西部落后地区资金匮乏的状况,使之难以摆脱经济发展的“低水平均衡陷阱”,[①]陷入资金短缺的恶性循环。

二、同一利率水平在客观上形成了对东部地区的利率优惠

资金具有趋富嫌贫的天然本能。由于地区经济发展不平衡,在客观上形成资金与其收益率的地区差异,如果利率水平是由市场供求关系决定的,那么由于东部地区对资金需求相对较多,市场利率水平就应较高。反之,中西部地区利率水平就会较低。这样看来,中央银行对不同地区实施同一种利率,实际上是对发达的东部地区投资行为的一种变相补贴,或者说是对中西部不发达地区投资行为的一种变相征税。由于东部地区企业利润相对较高,利率浮动政策应对东部地区更有效,因此,东部沿海地区的实际利率已接近实现市场化,西部地区各商业银行基层行为了获取更多的利益,不愿意将为数不多的信贷资金发放给本地经济较差的国有大中型企业,而更愿意把信贷资金向外拆

① 范祚军:《区域金融调控论》,人民出版社2007年版,第221页。

借。这直接导致东部省市的银行存款持续地大幅增长,而西部省区的存款没有增长或增势缓慢。也就是说,在完全由市场决定利率的条件下,利率高低受到当地资金利润率的影响,用资金边际利润率来表达,则边际利润率越高,对资金的吸引力越大,西部地区资金的边际利润率明显低于东部地区,但在利率管制的条件下执行统一的存款利率,客观上便造成了东部实际在享受"优惠"利率,其政策结果自然就使中西部地区资金流向东部。①

三、统一的公开市场操作、再贴现政策在欠发达地区的作用有限

公开市场操作,是建立在统一的货币市场和多样化的市场工具基础上的,各地区货币市场深化程度的差异使公开市场操作的政策效果在各个地区明显不同。欠发达地区金融机构债券持有量相对少于发达地区,对公开市场操作的反应速度慢,敏感度低,时滞长,使统一的公开市场操作在欠发达地区的作用效果有限。同时,欠发达地区票据市场规模小,发展滞后,票据并没有成为资金流通的主要工具。因此,通过调整票据再贴现率来扩大或缩小金融机构信贷量的再贴现政策,对欠发达地区的作用也很有限。

四、统一的宏观紧缩政策对西部地区的限制效果更为严厉

在经济发展过热,通货膨胀压力较大的经济形势下,中央银行一般采取宏观紧缩政策,缩小货币供应量。东部和中西部地区经济结构和资金来源渠道的差异,使货币紧缩政策在不同地区的效果不一,货币紧缩政策对经济欠发达的西部地区的影响更大。

目前,我国东部沿海地区经济增长点主要是经济效益较高、经营机制较为灵活的非国有经济,这些经济体的资本金比例较高,自我发展能力较强,融资渠道广,对银行信贷资金的依附程度较低,在货币供给减少的情况下,依靠相对发达的金融市场可以进行多元的融资,经济主体所受的影响相对较小。

---

① 范祚军:《区域金融调控论》,人民出版社2007年版,第223页。

中西部地区的经济增长点主要是国有企业，国有经济融资主要依靠国有银行的信贷资金，金融市场发育缓慢使中西部企业无法及时从国有金融以外的渠道筹集资金。如此一来，紧缩银根政策必然对西部经济发展带来严厉的约束，产生的不利影响远比经济发达地区企业更大。这样，"一刀切"的紧缩货币政策使东部经济从过热状态中降温下来的同时，却使经济欠发达地区企业发生资金紧张，社会资金的正常流动受阻，将西部经济从正常增长的轨道拉入停滞衰退的深渊。[①] 并且紧缩政策往往发生在落后地区刚刚启动经济之时，对其打击尤为沉重，使其恢复和重新进入繁荣阶段的能力弱于东部地区，并最终导致东西部地区间金融差距的不断扩大。[②]

可见，不管金融调控机关是否意识到，不同地域间综合资源禀赋、生产力、供需状况、经济结构、消费能力与需求、信贷投资环境、经济主体偏好、金融业发达程度的差异始终都是客观存在的，由于上述差异导致的地区间金融发展水平的现实性差异也是不容抹杀的，忽视上述差异，实行统一的金融调控政策，不仅无法缩小这种差异，还会导致地区金融发展水平和金融资源配置程度差异的进一步扩大。

第四节 有心无力：扶持性金融资源配置立法缺失

所谓扶持性的金融资源配置立法，是指立法者为了弥补金融市场的逐利性缺陷，[③]矫正国家金融管制带来的资源配置偏颇，使市场竞争中的弱势群

---

① 1992 年至 1993 年上半年，经济较发达地区、沿海地区率先出现了股票热、房地产热、开发区热的局面，通货膨胀蔓延至全国范围内，中央政府在 7 月采取货币紧缩政策，经济发达地区工业总产值增长率从高水平上略有下降，而经济欠发达地区工业增长刚刚起步又退回低谷。1993 年9 月，中央不得不放松银根，货币供给增长又转为上升，投资增长和物价上涨的势头又重新出现。

② 范祚军：《区域金融调控论》，人民出版社 2007 年版，第 215 页。

③ 金融市场的逐利性使得完全按照价值规律配置资源将使部分群体、地区、行业因无利润或利润较小而无法获取金融资源。

体、地区、行业有机会获取金融资源而特别进行的给予其倾斜性保护的立法。扶持型金融资源配置立法是否完善,直接关系到金融资源配置公平能否实现。目前,我国扶持性金融资源配置立法基本上处于空白状态。

一、扶持民间资本进入金融领域的立法缺失

如上文所述,我国金融监管制度对民间资本的防范和排斥,基本上使民间资本失去了进入金融领域的机会。国有金融机构事实上垄断着中国的金融市场,非国有制经济体与农村金融需求者的金融需求因此很难得到满足,金融资源配置不均衡问题不可避免地产生了。追根溯源,不解决对民间资本进入金融领域的管制,不积极鼓励民间资本兴办多元化的金融机构,不打破国有金融机构的垄断,金融资源配置不均衡问题就无法得到根本解决。但遗憾的是,目前我国还没有扶持民间资本进入金融领域的专门立法。

近年来,"民间金融合法化"的呼声越来越高,这使政府逐渐意识到一味限制民间资本进入金融领域并非良策,最终受损的还是经济发展本身。于是政府对民间资本的态度就从"严格限制"转变为"事实默许"再到"逐渐承认"。在操作层面,让地下民间金融"收编"的管道已经在悄悄铺设。2001 年年底温州被中国人民银行确定为我国首个金融改革综合试验区。试点的内容除了广为熟知的浮动利率试点之外,还涉及银行产权改革,即温州商业银行可以吸收民间资本入股;乐清、瑞安两个县级市由这些重组后的银行和农村信用合作社去收购或兼并分散在各乡镇的地下钱庄。① 在制度层面,中国人民银行在《2004 年中国区域金融运行报告》中指出,要正确认识民间金融的补充作用,这是第一次对民间资本在金融领域的作用予以正面肯定。2005 年 1 月国务院出台了《国务院鼓励支持非公有制经济发展的若干意见》(以下简称《意见》),这是我国第一个促进非公经济发展的系统性政策文件。《意见》指出,放宽非公有制经济市场准入,允许非公有资本进入金融服务业。2005 年2 月,国务院又颁布了《关于鼓励支持和引导个体私营等非公有制经济发展的若干

① 李木祥:《中国金融结构与经济发展》,中国金融出版社 2004 年版,第 112 页。

意见》(以下简称“非公36条”),对1月的文件进行了细化。该意见指出,允许非公有资本进入法律法规未禁入的行业和领域,允许外资进入的行业和领域也允许国内非公有资本进入,并放宽股权比例限制。这是对民间资本进入金融领域的再次肯定。①

2010年国务院又颁布《关于鼓励和引导民间投资健康发展的若干意见》(以下简称“新非公36条”)。② 与2005年《意见》相比,“新非公36条”的进步在于:对民间资本进入金融市场的方式给出了更具体的解释,分为“发起”与“参与”两种,商业银行、农村信用社、城市信用社仅能“参与”;而村镇银行、贷款公司、农村资金互助社既可“发起”,也可“参与”。允许民间资本“发起”设立村镇银行和贷款公司、农村资金互助社等金融机构,意味着允许出现由民间资本掌控的微型金融机构,由此微型金融机构③真正向民间资本开放了。而大中型商业银行,甚至小型银行如城市商业银行,都还没有真正向民间资本开放。时隔5年的又一个“36条”,立法意图很明显,希望把5年前的非公准入破局向前继续推进,鼓励民间资本开疆拓土。

到2011年5月,“新非公36条”实施一周年,被寄予厚望的“新非公36条”在推进过程中遇到层层阻碍,民间投资在一些重要领域进展甚微,实施情况不容乐观。国家发改委负责人表示:“目前,只有北京、广东、浙江、江苏等省份制定了实施细则。而从行业来看,铁路、能源、金融、市政公共事业等重要

---

① “非公36条”第5条进一步指出,在加强立法、规范准入、严格监管、有效防范金融风险的前提下,允许非公有资本进入区域性股份制银行和合作性金融机构。符合条件的非公有制企业可以发起设立金融中介服务机构。允许符合条件的非公有制企业参与银行、证券、保险等金融机构的改组改制。

② “新非公36条”其中的一项重要内容就是鼓励和引导民间资本进入金融服务领域,允许民间资本兴办金融机构。该意见认为,在加强有效监管、促进规范经营、防范金融风险的前提下,放宽对金融机构的股比限制。支持民间资本以入股方式参与商业银行的增资扩股,参与农村信用社、城市信用社的改制工作。鼓励民间资本发起或参与设立村镇银行、贷款公司、农村资金互助社等金融机构,放宽村镇银行或社区银行中法人银行最低出资比例的限制。

③ “微型金融机构”是指村镇银行、小额贷款公司、农村资金互助社等金融机构。参见应宜逊:《落实“新36条”,向民间资本开放微型金融机构市场准入》,载《上海金融》2010年第10期。

领域并没有进展。金融领域几乎未对民间资本有实质性的放开。”①民间资本即使想投资或进入金融领域,但如同“趴在窗户上的投资者,前途一片光明,但却没有出路”。

可见,虽然政府在民间资本市场准入规则上先后进行了一些尝试,但效果差强人意。究其原因,无论是“非公 36 条”,还是“新非公 36 条”,更多的只是一个非操作层面的鼓励政策,如果不具体化为更具执行力和操作性的法律规则,只是在文件中不断地阐述这些抽象的原则,则它的作用肯定无法充分发挥出来,也不能根本解决民间资本的出路问题。

二、保障弱势群体信贷权的立法缺失

我国城市与农村之间、东部与西部之间金融资源配置失衡产生的一个重要原因,就是在落后西部与贫困农村设立的金融机构只愿意从上述地区吸收存款,而不愿意向其发放贷款或投资,甚至将从上述地区吸收的存款,贷款或者投资至其他地区,造成了金融资源的严重外流。在这种情况下,如果不人为地阻止资金过度外流,生活在上述地区的弱势群体将无法获得或者只能获得数额较少的信贷,金融资源配置公平将无从谈起。进行保障弱势群体信贷权的立法,是防止上述情况恶化的有效手段之一。

环顾世界其他国家或地区立法,有些国家或地区已经开始了这方面的尝试,美国的立法尤其具有代表性。20 世纪 30 年代,联邦家庭贷款银行委员会(Federal Home Loan Bank Board)要求家庭贷款公司(Home Owners Loan Corporation)对美国较大城市及周边地区进行信用等级的评定。② 信用等级差、风险较大的社区在地图上会被用红线圈示出来,这就是所谓的“红线区”。“红线区”一般为少数种族以及穷人聚集地,这部分群体因此较少或根本无法得到信贷,即使能够获得贷款,也要受到高首付、高利率、高贷款手续费和较短

---

① 李春晖:《“非公 36 条”因何难落地》,载《网易解读透视转型时期的中国》第 302 期,载网易财经频道:http://money.163.com/special/focus302/,最后访问日期:2011 年 9 月。

② See Jackson, Kenneth T., *Crabgrass Frontier Crabgrass Frontier: The Suburbanization of the United States*, New York: OxfordUniversity Press, 1985.

的贷款期限等苛刻条件的限制。为了保障这部分群体的信贷权,解决部分银行在实践中的特定不足——从一个地区榨取价值,却没有相应地提供商品(信用)和服务,1977 年 10 月 22 日,卡特总统签署通过了美国《社区再投资法》(CRA),①试图通过法律的形式制约金融机构,加大对中低收入社区和低收入人群的金融支持力度,以推动区域间经济社会协调发展。

CRA 是全国范围内的法案,涉及郊区、乡村、富裕的中心城市社区和衰败的中心城市区。适用对象主要是美国政府金融安全网的受益机构,即参加了联邦存款保险的存款机构,包括国民银行、储贷机构、州立特许商业银行和储蓄银行。CRA 鼓励和要求上述机构在保持信贷行为安全性、稳健性的前提下,有义务采取持续和积极的步骤以满足其所经营的整个社区(包括中低收入社区及居民)的信贷、投资、服务需求。"《社区再投资法》以及其他政府行为的适当作用,就是提供一种定义明确的公共物品。公共物品是不可以被市场所提供的,因为提供者的成本将超过其所得的收益。《社区再投资法》提供了某些特定的公共物品。包括得到银行服务、为不发达地区发展房地产信贷以及与信用相关的服务,例如消费者信贷和购房者教育。"②

为实施 CRA,美国联邦储备委员会、货币监理署、信贷监理署、联邦保险公司分别制订了相应的法规,法规中详细规定了不同地区不同金融机构的检查评估标准。例如,服务考核的主要标准是金融机构在本社区是否提供零售银行业务、业务的有效性和可利用率,特别是中低收入地区服务网点的设置数量和服务范围。贷款考核标准主要是考核金融机构在本社区是否尽力满足社区内小企业、小农场和社区发展方面的信贷需求。在消费贷款方面,注意考查是否对中低收入社区居民提供消费贷款、具体金额、发放笔数、贷款分布和占

---

① CRA 在 1977 年制定后,又分别于 1989 ~ 2008 年进行了 7 次修改与补充,其中于1989 年、1995 年和 2005 年的修改影响较大。历次修改的共同目的是提高 CRA 促进低收入地区经济发展的效率,同时减少机构合规负担。See Bernanke, Ben S., 2007. Subprime Mortgage Lending and Mitigating Foreclosures. Testimony before the Committee on Financial Services, U. S. House of Representatives, Washington, DC, September 20.

② Lawrence B. Lindsey、Lindsey 集团:《作为提供公共物品方式之一的〈社区再投资法〉(上)》,中国人民银行西安分行金融研究处翻译,载《西部金融》2010 年第 12 期。

该机构在本社区贷款总额的比例等。监管机构会定期将被监管的各金融机构满足其所在社区信贷需求记录公布于众。

值得注意的是,“CRA 鼓励金融机构向中低收入社区和人群发放贷款,但是没有规定具体的量化任务,为机构履行 CRA 义务提供了最大限度的灵活性。没有规定存款类机构必须发放多少贷款,必须达到多少存贷比,这是为了防止监管机构实施信贷配给,违背金融机构的安全稳健经营原则”。[①] CRA 也没有强制的惩罚机制,如果某金融机构对 CRA 执行不力,该法并没有赋予监管机构进行罚款等强制惩罚的权力。但监管机构在审批银行申请参加存款保险、申请迁移、设立分支机构或其他存款设施、进行兼并收购及其他结构性变动时,将其执行 CRA 的记录及上述评级结果,作为评审过程的重要参考依据。

CRA 是美国《民权法案》的一部分,与 1968 年《公平住宅法》、1974 年《平等信贷机会法》等,一起构成了美国反信贷歧视的法律制度体系。与《平等信贷机会法》和《公平住宅法》不同,二者着重解决信贷案件中的个别歧视问题,而 CRA 通过禁止擅自把落后地区圈定为红线区,要求金融机构满足其所在整个社区的信贷需求,强调对特定区域的整体权益的保护,[②]寻求解决的是针对中低收入社区和少数族群的信贷歧视,是美国政府针对社区发展不均衡,特别是落后欠发达地区所作的努力。[③]

显然,中低收入社区信贷可得性不足的难题单纯依靠市场机制是不足以完美地解决的,必须依靠政府“有形之手”对该领域的介入,以期减少市场失灵和社会福利的损失。从平衡金融资源配置,促进各区域协调发展的角度来看,CRA 可称得上是美国政府在此领域所进行的积极努力之一。虽然为解决金融资源配置不均问题政府的干预是必需的,但政府如何干预、干预的深度和

---

① 中国人民银行西安分行课题组:《〈美国社区再投资法〉实施三十年的经验、教训及其对我国的启示——〈社区再投资法〉国际研讨会综述》,载《西部金融》2010 年第 6 期。

② See Susan R Jones, “Plant Money Where Its Needed Most: A Look at the Community Reinvestment Act After”, 25 *Years, Bus. L. Today* 4748(2003).

③ 孙天琦:《美国社区再投资法三十年变革的争论及启示》,载《广东金融学院学报》2009 年第 5 期。

方式却不是一个容易解决的问题。如果政府行为不当,则可能扭曲信贷市场,使金融机构承受不必要的管制负担并发放不安全的贷款,政府也无法达致预期目的。因此,自 CRA 制定之初,关于该法案内容的合理性、法案实施的有效性、适用的宽窄范围等问题始终争议不断,市场自由主义和政府干预主义、民主党和共和党、银行存储机构和社区团体等给出的答案大相径庭。[①] 但普拉巴尔·查克拉巴蒂等美方专家普遍认为,CRA 的颁布在满足美国中低收入社区金融需求、消除贫富差距、改善居民生存条件、促进社区发展等方面发挥了重要作用。总的来说,该法利大于弊,成效显著。[②] CRA 实施后,中低收入社区获得的贷款数量,从 20 世纪 90 年代初的每年 16 亿美元增加到 1999 年的 1030 亿美元,其中,1998 年升幅最大,达到了 8120 亿美元。受 CRA 鼓励,银行也积极进行金融产品的创新,发展了服务中低收入社区的一些职能,来满足工薪家庭以及低收入社区的信贷需要,[③]这在很大程度上缓解了中低收入社区难以获得贷款的困局,解决了金融市场在中低收入社区失灵的问题。

类似"社区再投资法"的国家干预信贷市场的实践也见于泰国。泰国中央银行于 1975 年向所有的银行发出了一个备忘录,要求每个银行至少将占其上年总贷款量的 5% 借给农户,以用于农业生产。而那些被发现无法达到这一要求的银行,必须将特定数额资金存入泰国政府 1966 年成立的农业与农业

---

① 批评者认为 CRA 实施会扭曲市场主体的选择行为。首先,CRA 实施会导致商业银行选择退出或远离低收入社区。由于 CRA 规定了属地原则,即银行在哪个社区开办业务,就有义务为该社区的中低收入群体提供金融服务。理性的商业银行就会有动机避免在较为贫困的地区开办业务或设立分支机构,从而可以避免执行 CRA 所带来的不必要的麻烦。其次,对于给定的存款供给,该法令实际上会把贷款从贷款高需求社区再配置给贷款低需求地区,由此在空间上错误配置信贷,从而降低银行系统的安全度。最后,CRA 实施额外增加了商业银行的经营负担,金融市场中的其他非银行类金融机构则没有相应的束缚,这显然对前者是不公平。参见秦芳:《中国制定〈社区再投资法〉的相关争论》,载《内蒙古金融研究》2008 年第 2 期。

② 孙天琦、杨岚、袁静文:《美国的〈社区再投资法〉及其对中国欠发达地区的启示》,载《西安交通大学学报》2011 年第 4 期。

③ Joint Center Enhanced HMDA Database, 2002, The Community Reinvestment Act: Access to Capital in an Evolving Financial Services System. Report prepared for the Ford Foundation, March 2002. From a pdf viewed at http://www.jchs.harvard.edu/publications/governmentprograms/cra 02 – 1.pdf.

合作社银行。从 1979 年开始,其所要求的银行对农户信贷比例上升到占其上年信贷额的 11% 。此外,还要求银行向农业生产的产前和产后环节提供占其上年信贷额 2% 的信贷。到了 1987 年,对银行的强制性信贷比例提升为对农户 14% ,对农业生产的产前和产后环节 6% 。①

从美国 CRA 产生的过程来看,CRA 出台的直接原因是解决一些地区,尤其是落后地区的资金外流问题,这与我国目前面临的诸如农村地区、中西部地区存款资金外流,金融机构从落后地区撤并、弱化网点功能,只存不贷或基本不贷等问题具有很强的相似性,CRA 为我们提供了很好的立法经验,值得我国借鉴。

三、规范政策性银行的立法缺失

根据 1993 年 12 月 25 日国务院发布的《关于金融体制改革的决定》,我国于 1994 年相继组建了 3 家政策性银行,分别是国家开发银行、农业发展银行、中国进出口银行。上述政策性银行从事的业务领域,有的是对国民经济发展具有较大现实意义,需要给予特殊措施予以鼓励,如重大基础设施、基础产业和支柱产业大中型基本建设和技术改造;有的是国民经济的薄弱环节,如无特殊支持与保护,将会停滞不前甚至萎缩,如风险性高、产值有限但又不可或缺的农业;有的是对国家经济均衡协调发展具有重要作用,需要政府给予特殊政策、重点扶持,如机电产品和成套设备等资本性货物进出口等。上述政策性银行旨在弥补商业性金融出现的失灵,是进行扶持性金融资源配置的重要主体,政策性银行开展的业务有益于矫正和调节金融资源市场配置的不均衡,其重要性不言而喻。

但与政策性银行重要性地位不相匹配的是,目前有关政策性银行的专门立法仍待完成。虽然早在 1993 年国务院发布《关于金融体制改革的决定》时,就明确指出要制定国家开发银行条例、中国农业发展银行条例和中国进出口信贷银行条例,可时至今日还没有一部政策性银行条例出台。政策性银行的

---

① 冯兴元:《推行与市场一致的"社区再投资法"》,载《北京青年报》2005 年 2 月28 日。

法律地位、性质、宗旨、经营原则、业务范围等方面都有待明确的法律规范。政策性银行的组织及业务运营主要依据国务院《关于金融体制改革的决定》《关于组建国家开发银行的通知》《关于组建中国农业银行的通知》《关于组建中国进出口银行的通知》以及国务院批准的《国家开发银行组建和运行方案》《国家开发银行章程》《中国农业发展银行组建和运行方案》《中国农业发展银行章程》《中国进出口银行组建和运行方案》《中国进出口银行章程》等规范性文件进行。政策性银行的这种长期缺乏法律规制的状态,一方面使政策性银行的发展缺乏法律保障;另一方面在某种程度上了导致政策性银行商业化倾向甚至进行违法违规经营,这直接影响了国家政策性金融职能的更好发挥,不利于实现国家设立政策性银行的目的。

另外,我国法律在确立政策性金融的监管机构时,也出现了偏差。国家银监会成立以前,3 家政策性银行业务上受中国人民银行领导。国家银监会成立后,以《银行业监督管理法》自 2004 年 2 月 1 日起施行为标志,3 家政策性银行的监管机构变为国家银监会。① 监管要求比照执行商业性金融机构的监管要求。这反映了理论界与实际部门将政策性金融与商业性金融两者混淆,存在将政策性金融监管与商业金融监管混淆的认识误区。这种做法既不利于中央银行独立执行货币政策,也不利于政策性金融机构的健康发展。

① 《银行业监督管理法》第 2 条规定:"国务院银行业监督管理机构负责对全国银行业金融机构及其业务活动监督管理的工作。本法所称银行业金融机构,是指在中华人民共和国境内设立的商业银行、城市信用合作社、农村信用合作社等吸收公众存款的金融机构以及政策性银行。"

第五章　金融资源配置公平的法律保障制度构建

第一节　金融资源公平配置的前提——确立市场配置的基础性地位

一、确立市场配置基础性地位对实现金融资源配置公平的重要意义

（一）非市场化配置导致了“金融压抑”①现象，损害了金融配置公平

从第三章的描述中可以看出，政府一直以来都对金融资源的配置进行着严格管控。这种管控首先表现为对利率的管控。为了降低资金资本，保证国家重

---

① 20世纪70年代美国经济学家罗纳德·麦金农（R. J. Mckinnon）和爱德华·肖（E. S. Show）专门研究了发展中国家的金融发展情况。麦金农的《经济发展中的货币与资本》和肖的《经济发展中的金融深化》认为，金融与经济是密切联系的两个领域，金融体制与经济是一种相互制约、相互发展的关系。当政府过分干预金融，人为地压低利率和汇率，造成金融与经济之间存在一种恶性循环状态时，就称之为“金融抑制”。他们认为发展中国家存在着金融市场不完全、金融机构落后、资本市场严重扭曲和政府对金融的严格管制等“金融压抑”现象，“金融压抑”严重地危害了发展中国家的经济发展。其主张发展中国家通过金融深化改革，消除金融抑制现象，促进经济增长，即减少政府干预，确立市场机制的基础作用。

点项目资金的需要,政府对存贷款利率实行不同程度的管控,而管控利率通常低于市场均衡利率。金融管控还表现为金融业准入的严格管制,保障国家金融机构的垄断地位,以便金融资源通过国有金融机构转移给国有资本。

这种非市场化的配置方式,造成了金融与经济之间的一种恶性循环,金融资源配置效率低下。金融市场被人为地分割开来,相互隔绝,是不完全的市场。在金融资源的供给市场,由于政府刻意地压低名义利率,或者由于过高的通货膨胀,或者人为的错误金融政策与过高通货膨胀兼而有之,导致实际利率过低,甚至为负数,低利率使金融体系吸纳剩余资金的能力不足,在有其他选择的情况下,人们不愿将剩余资金存入金融体系,金融市场因而出现需求远远大于供给的情况。在金融资源的需求市场,一方面,当大量的民营企业、中小企业扩大生产规模,改进核心技术,更新生产设备而需要资本时,由于金融资源有限,政府无法满足其金融需求,中小企业只能“自力更生”,进行“内源”融资或者求助非正规金融。另一方面,政府将大量资金配置给体制内经济体,资金几乎是无偿使用,有时实际利率甚至为负数。结果造成资金粗放地使用,投资效益低下,产出水平低。同时,低利率政策还会阻碍新增收入向投资的转化。经济发展所需的新投资来源不足,储蓄和投资的缺口进一步拉大,总需求和总供给的矛盾更加尖锐,经济停滞不前。这迫使政府当局对利率实行更加严格的管控,从而形成了恶性循环。

非市场化的配置方式也直接导致了中国金融发展的“二元”结构——现代的货币银行体系和传统的金融机构并存,一方面,享有特权的大企业可以从国有银行等现代化金融机构获得大量低利率的资金,其使用效率却极其低下;另一方面,在经济活动中占有很大比重的小生产企业由于得不到大银行的贷款,只能诉诸一些传统的金融机构,如钱庄、当铺等。这些金融机构的贷款利率很高,偿还期限也短。金融机构的“二元”性直接影响到了金融资源的公平配置。

(二)确立市场配置的基础性地位是公平实现的前提

正如第四章所分析的那样,我国金融资源配置不公既有市场失灵的原因,也有政府管控的原因。相对于市场失灵,政府对金融资源的严格控制、对民间金融的有意排斥、对发展扶持性金融的有心无力，是造成金融资源配置不公的主要原因。想从根本上解决我国金融资源配置不公的问题，就必须对政府在金融资源配置中的作用进行准确定位，限缩政府在金融市场中不适度的权力，将市场依靠自身力量可以解决的事项交还给市场。正如李斯特所言："关于国民个人知道的清楚、更加擅长的那些事、并不需要国家越俎代庖；相反地，它所做的是，即使个人有所了解，单靠他自己力量也无法进行的那些事。"①

只有确认了市场配置的基础性地位，国家配置金融资源才有了对象和基础；只有确认了市场配置的基础性地位，国家配置金融资源才有了运行机制和生效的中介；只有确认了市场配置的基础性地位，国家配置金融资源才有了服务的目标，不至于蜕变为过度的行政管控。确立市场在金融资源配置中的基础性地位，将国家对金融资源的配置限制在市场失灵的领域，可以防止国家对金融的过度干预，为资源配置公平的实现提供基本前提。确立市场在金融资源配置中的基础性地位，通过解除政府对金融的过度干预，实现金融的市场化和自由化来实现深度金融，从而促进金融体制包括其体系、工具和机构等的发展，加速实物资本的形成并改善其配置效率。②

当政府放弃对金融的过分管控，特别是放弃对利率和汇率的管控，允许金融资源按照市场机制自由配置时，一方面，活跃的金融市场和完善的金融体系能够充分有效地把社会闲置资金转化为生产性投资，并通过市场机制引导资金流向高收益部门和地区，从而促进经济的发展；另一方面，经济的不断发展以及各种经济主体对金融服务需求的日益增长，反过来又会促进金融业的发展，由此形成经济与金融之间相互促进的良性循环，这必将为金融资源公平配置的实现提供基本的前提。

需要注意的是，确立市场配置的基础性地位，并不意味着完全取消金融自由化过程中的政府干预。从发展中国家的实践来看，如果在宏观经济不稳定

---

① ［德］李斯特：《政治经济学的国民体系》，陈万煦译，商务印书馆1961年版，第169～170页。

② ［法］爱德华·肖：《经济发展中的金融深化》，邵伏军等译，上海三联书店1988年版，第2页。

的情况下,政府完全放弃对金融机构和市场的适度监督与干预,不仅不利于公平竞争,而且肯定会导致宏观经济更加不稳定,甚至出现金融危机。应该逐步放松金融管制,注重金融深化的渐进性、层次性和持续性。金融的市场化是随着整体经济改革发展的一个渐进过程,金融深化的政策措施应根据经济发展的成熟程度和经济运行的内在逻辑做出合理的时序选择和安排,分阶段和有计划地进行。①

二、基础性金融资源的市场化配置——利率自由化

(一)利率自由化对于金融资源均衡配置的重要意义

由于长期的利率管控和对国有经济的偏袒,我国的金融市场在发展过程中断裂为两个明显不同的部分:一部分以各种类型的国有企业为金融资源需求者,以国有银行为金融资源供给者,执行国家规定的利率;另一部分以民营企业、股份制企业、个人为金融资源需求者,以非正规金融为金融资源供给者,一般执行明显高于国家利率的协商利率。

在国家的低利率管控政策下,数以亿计的资金源源不断地输送给少数国有企业,为其发展提供了成本极其低廉的金融资源,但这些成本低廉的金融资源并没有产生预期的经济效益和相应的成长红利,相反,那些在重重融资困境中苦苦挣扎的民营企业、股份制企业却表现出了旺盛的生命力,对国民经济的发展做出了重要贡献。

虽然近年来,我国采取了针对性的改革措施,如建立现代企业制度、改革银行的治理结构、加强国有企业的资本市场融资等,使上述问题得到了一定程度的缓解和控制,但利率管控这一问题还没有得到解决。只有通过进一步放松利率管控,给予金融产品的经营者和市场参与者更大的定价自主权,在风险可控和机制健全的前提下,尽快实施利率市场化改革,才能消除金融资源在正规金融市场和非正规金融市场的畸形分布格局,化解黑市利率和官定利率的扭曲结构,通过资金价格的市场形成机制和资源配置功能,实现金融资源的市

① 李木祥等:《中国金融结构与经济发展》,中国金融出版社2004年版,第38页。

场导向和结构优化。[1]

（二）利率自由化的他国经验

利率自由化在加强金融市场竞争、有效动员和分配资金、实现资源优化配置、增进金融体系乃至整个国民经济运行效率等方面的积极作用，已得到广泛的认同。一般认为，利率自由化后，实际利率与宏观经济变量（如经济增长、投资、储蓄和物价等）之间有正相相关关系。但利率自由化以后，也可能对一国金融稳定带来一系列的不利影响，比如，名义利率波动将增大流动性风险；利率自由化可能引发过度信贷；利差变化会加大银行竞争压力，而且可能产生过度金融创新等。因此，虽然我国金融自由化的改革势在必行，但要审慎选择金融自由化的改革方式与顺序。

比较分析发展中国家利率市场化的进程后发现，几乎所有一下子全部放开利率的发展中国家所实行的利率市场化改革都带来了宏观经济的剧烈波动乃至金融危机和重新管制，而那些渐进地、有步骤地放开利率的国家和地区往往都取得了成功。韩国1988年12月一次性放开除政策性贷款以外的所有贷款利率和2年以上的存款利率，结果在1989年导致韩国的通货膨胀加剧、市场利率水平过高、国际收支恶化，韩国中央银行不得不对已放开的利率进行重新管制。阿根廷是推行利率市场化改革较早的发展中国家，早在1975年就启动了各项改革，1977年颁布《金融法》宣布取消所有利率的限制，实行全面的利率自由化，整个过程只有2年。在实行利率全面市场化以后，利率迅速上升，贷款供应量激增，经济泡沫急剧膨胀，最终导致经济危机。智利在1974年开始放松利率管制，同年11月取消了存款利率的管控，1975年4月放开了所有利率的管控，进程期限只有1年。之后，利率大幅度上升，金融市场波动剧烈，中央银行不得不再次公布指导性利率，这宣示了利率市场化改革暂时废止。与拉美国家一步到位的激进改革不同，市场经济和金融体系相对发达的美国、日本采取了渐进式改革。美国的利率市场化进程从1970年开始到1986年持续了16年。日本的利率市场化始于1977年，先从国债利率市场化

① 徐义国：《金融自由化路径及其效应》，中国经济出版社2008年版，第224页。

开始,逐步推进到银行间拆借利率和银行间票据利率,最终于1994年实现了除活期存款利率以外的完全利率市场化,前后花了17年时间完成。采用渐进方式的美国和日本,其经济受到的冲击远远小于第一次利率自由化时期的韩国和智利。韩国和智利在第一次利率自由化失败以后,也都改用渐进方式来推动利率自由化,都取得了良好的效果。[①] Bernhard Fischer 和 Helmut Reisen 对20世纪70年代以来,部分拉美和亚洲国家金融自由化的速度与效果进行了考察和分析,发现以激进方式推进金融自由化的国家在自由化后几乎都发生了较为严重的银行或金融危机。而以渐进方式推进金融自由化的国家,虽然也经受了一定的金融体系不稳定问题,但程度要比激进国家轻微的多。另外,东欧及中欧国家的改革实践也验证了这一结论,试图采用激进的"休克"疗法实现转型,其代价是高昂的。[②] 实践证明,渐进方式是一种稳健的利率市场化改革方式。

(三)我国利率自由化的历程与未来改革思路

利率市场化的全面实现,是中国金融市场化进程中的关键一步。目前,我国的利率市场化改革已经启动,采取的是渐进式的改革方式。1996年6月1日,我国放开银行间同业拆借市场利率,实现由拆借双方根据市场资金供求情况,自主确定拆借利率。1998年9月又放开了政策性银行金融债券市场化发行利率。1999年9月成功实现国债在银行间债券市场利率招标发行。2002年3月21日利率市场化改革在浙江、福建、黑龙江、吉林、内蒙古等的8家县市农村信用社拉开帷幕。中国人民银行给试点农村信用社划定的存款利率最大浮动幅度为30%,贷款利率浮动幅度为100%。中国人民银行在2003年2月20日发布的《2002年中国货币政策执行报告》中公布了中国利率市场化改革的总体思路:先外币、后本币;先贷款、后存款;先长期、大额、后短期、小额。2003年12月10日,中国人民银行宣布从2004年1月1日起,贷款利率浮动

① 张礼卿主编:《金融自由化与金融稳定》,人民出版社2005年版,第266页。

② [美]保罗·G.赫尔:《转型时期的制度变迁和经济发展》,赵阳译,载《经济社会体制比较》2004年第5期。

区间不再根据企业所有制性质、规模大小分别制定，并扩大商业银行自主定价权，提高贷款利率市场化程度，扩大金融机构贷款率浮动区间——商业银行、城市信用社贷款利率的浮动区间上限扩大到贷款基准利率的1.7倍，即企业贷款利率最高上浮幅度扩大到70%，农村信用社贷款利率的浮动区间上限扩大到贷款基准利率的2倍，金融机构贷款利率的浮动区间下限保持为贷款基准利率的0.9倍不变。在扩大金融机构人民币贷款利率浮动区间的同时，推出放开人民币各项贷款的计息、结息方式和5年期以上贷款利率的上限等其他配套措施。①

中国的利率市场化离全面推广还有很长一段路要走。目前，中国利率自由化改革的主要任务包括两项：一是逐步放松商业银行的存款利率管制。存款利率自由化是利率自由化的核心部分。发达国家的利率自由化主要就是存款利率的自由化。因为存款是银行资金的主要来源，存款利率的放开与市场份额的变动直接相关，由此引起的竞争会异常激烈，所以无论是发达国家还是发展中国家，对于存款利率的自由化都比较谨慎。二是建立中央银行利率调控体系。中国尚没有形成基准利率，缺少利率传导机制，即中央银行基准利率变动→影响货币市场利率→引导金融市场→调整经济。目前，由于商业银行利率受到严格管制，货币市场利率与商业银行存贷款利率基本没有关系，在"中央银行—货币市场—商业银行—企业"的传导路径中，因货币市场、商业银行和企业这三者之间的传导路径被阻隔，货币政策的宏观调控作用在一定程度上无法得到有效的发挥。②

基于我国利率市场化所处的经济环境和条件约束，我国未来利率市场化改革的可行思路是：首先，根据宏观经济状况调整利率结构，使之逐渐趋于合理，取消优惠贷款利率，简化利率的品种、档次，并使各种利率之间保持合理的关系；其次，根据配套改革措施的实施进度和效果，逐步扩大存贷款利率的浮动范围，并保证存贷款利率之间的合理利差；最后，完全放开利率，实现利率的市场化。

---

① 易秋霖：《中国的非均衡金融》，经济管理出版社2004年版，第24页。

② 张礼卿主编：《金融自由化与金融稳定》，人民出版社2005年版，第378页。

三、机构性金融资源配置的进一步市场化

（一）金融机构结构体系的进一步市场化

我国的许多企业主要依靠间接金融市场融资，其认为间接金融市场上的融资比资本市场上融资更方便快捷。实际上，如果我国的资本市场发育完全，直接金融机构的数量符合市场需要，则直接金融更有利于企业融资。析言之，“在资金中介化过程中，由于资金盈余部门对资金短缺部门的信息不了解，若要找到合适的可使用资金的对象，所花的成本较高，因此金融中介的出现可以了解资金供求的需要，并在短期内低成本地完成资金配置。银行因此成为资金交易中不可或缺的一环。但资本市场出现后，由于非市场化的企业资本获得了市场价格，从而使一个经济体的非货币化资产成为可用货币度量的资产，更进一步，使不同需求者的资金需求可以用同一尺度衡量；同时随着信息技术的发展，资本市场上对资金需求方的信息披露已比较充分，方便了投资者决策。因此直接融资越来越多地替代了间接融资，金融脱媒成为趋势”。[①] 为此，我们应大力发展直接金融机构，改变商业银行和保险机构、证券机构之间的数量失衡与结构失衡，形成商业银行、保险机构和证券机构相互支撑的机构体系。大力发展直接金融机构，不仅可以为企业创造一个新的融资平台，也便于金融资源的多渠道配置。

（二）进一步推动中小商业银行的市场化改革，鼓励合乎法定条件的中小商业银行上市

2001 年国务院根据我国金融业的发展情况提出，要将国有独资商业银行改组为资本充足、内控严密、运营安全、服务和效益良好的现代金融企业，并根据这一改革目标，制定了国有独资商业银行公司化、股份化、上市融资的综合改革方案。从 2003 年起，四大国有商业银行陆续开始进行股份制改革。国家通过成立资产管理公司，剥离了四大商业银行的不良资产，为其构建了相对稳健良好的财务基础，国有商业银行引入海内外战略投资者，改善了原有的股权

---

① 唐旭：《关于金融机构改革的思考与前瞻》，载《财经科学》2008 年第 1 期。

结构,建立了现代企业治理结构,由此得以转型为股份有限公司并在海内外上市。

与四大商业银行如火如荼的股份制改革形式相比,我国中小商业银行的股份制改革相对滞后。虽然中小商业银行无论机构规模还是业务总量,都无法和其他大型商业银行相提并论,但根据学者的研究,"中小商业银行将吸储资金的80%都投入到城市中小企业和私营企业",[①]因此,进一步推动中小商业银行改革,对于完善中国金融业在国有商业银行垄断结构下所稀缺的金融服务功能,矫正金融资源配置失衡具有重大的意义。

目前,我国中小商业银行的股权结构虽相对分散,但治理结构还远不够完善,或多或少地都存在内部人控制问题,管理人员同时拥有决策、执行、内部监督权力,权力几近失控。因此,需要尽快完善中小商业银行的内部治理结构,解决中小商业银行内部人控制问题,实现决策、执行、监督系统的相互分离和制约,为中小银行上市创造条件。除此之外,中小商业银行的公司法人治理结构改革至少还应包括以下内容:引进国内外战略投资者,实现投资主体多元化;制定清晰明确的发展战略,包括以实现利润最大化为目标研究核心竞争优势和市场竞争优势,制定与发展相适应的客户战略、业务增长战略、地域发展战略和持续增长战略;建立科学的决策体系和完善的风险管理体制;优化组织结构体系,建立市场化、规范化的人力资源管理体制和有效的激励约束机制;建立审慎的会计、财务制度和透明的信息披露制度;加强信息科技建设。

鼓励中小商业银行改革上市,不仅可以使中小商业银行通过资本市场筹集到更多的资本金,而且可以使中小商业银行受到更强的外部约束。也就是说,商业银行上市后不再仅受一个或几个少数股东的约束,而是受众多股东的制约,这无形中减少了国有股东不当干预的可能性,便于商业银行按照市场化原则处理银行业务。同时,由于资本市场对上市公司信息透明的要求比较高,受股东关注度更大,这有利于约束商业银行的行为,促使商业银行按照市场化

① 褚伟:《中小金融机构的市场化改革与发展》,载《金融教学与研究》2001年第4期。

原则建立自身的行为模式。总体而言,商业银行通过上市,其资本金、透明度、竞争力都会得到大幅上升,其益处是显而易见的。

(三)确立并保障金融机构的经营自主权

金融机构是否享有充分的经营自主权,是衡量金融机构市场化程度的重要指标。如果市场改革进行得较为深入,金融机构在业务经营中就会拥有充分的自主权。以银行业为例,商业银行享有经营自主权主要体现为拥有不同程度的利率定价权。

利率市场化改革后,我国将逐步形成一个以市场资金供求为基础,以中央银行基准利率为调控核心,由市场供求决定金融机构存贷款利率水平的市场化利率形成机制。各商业银行的利率管理将普遍实行"科学定价、分类指导、分级授权、灵活调整"的原则。"科学定价"是指商业银行本外币各项业务的利率管理规定由总行统一制定,商业银行总行在综合考虑各项成本收益等因素后确定产品利率;"分类指导"是指根据国家政策差异和管理需要,对商业银行本外币各项业务进行分类管理和价格指导;"分级授权"是指依据总行现行管理体制,按照总行、业务条线、分行等层级分别设定利率管理权限,各业务条线和各分行可在自身的权限内制定实施细则加以贯彻落实;"灵活调整"是指商业银行总行根据市场情况和全行业务发展的状况对各项业务的指导利率及时进行调整。① 从商业银行的利率管理实践来看,目前我国的利率定价权多集中在商业银行总行和一级分行手中,二级以下分支行基本没有贷款审批权和利率定价权。这不仅使利率政策执行上较为僵化,不利于利率浮动政策的灵活运用和政策效应的有效发挥,而且使货币资源更多地配置给总行和一级分行关注的优良客户、大中型优势企业,二级以下分支行面对的大量普通客户和中小弱势企业由此无法获得金融支持。为改变现状,建议商业银行总行和一级分行在利率定价授权范围内,按客户类型、信用评级、担保方式和贷款品种,将利率定价权分解并逐步下放至基层行,指导并授权基层行确定上下浮

---

① 参见孙晶、李稳立:《关于利率市场化条件下金融机构定价机制的调查与思考》,载《华北金融》2010年第10期。

动不同的差别定价标准和范围，增强基层商业银行定价的灵活性。

四、金融商品资源的市场化配置

一直以来，我国政府为了保障处于改革进程中的银行的盈利能力，用利率管控的方式保证了银行体系3%左右的存贷利差。银行单靠吸收存款、发放贷款就可以获得高额利润。[①] 因此，中国银行业长期以来形成了对存贷利差的依赖性，缺乏业务创新的动力，缺乏按照市场需求发展金融产品的热情。近年来，随着我国金融市场化改革的深化，我国的金融机构与监管当局都意识到在利率市场化过程中，对于大部分银行来说，息差收益将会大幅减少，对于议价能力低的银行，净息差将会更加收窄。长期来看，银行重点依靠利差收入的盈利模式将难以为继，必须尽快开展金融业务创新。

我国各商业银行已经开展的金融产品创新，表现出明显的同质化倾向。中国工商银行、中国农业银行、中国银行、中国建设银行开办的各项业务中有许多业务功能十分相近，如大部分储蓄业务、中间业务等。证券、保险公司所开办的各项业务中，也普遍存在彼此相同或相似的状况。[②] 加之目前我国商业银行的金融产品创新过分依赖研究、借鉴国外领先的创新，通过"拿来"和"继承"方式创新的金融产品占我国目前金融产品的大部分，而这些来自西方的金融产品并不一定完全适合我国的国情，金融商品创新的形势不容乐观。

这要求我们在接下来的金融产品创新过程中，要把握两个基本的原则：一是要结合我国金融机构的产品结构，进行有针对性的差异化的业务及产品创新。比如，我国银行一直倚重存贷业务的发展，中间业务和增值服务所占的比例偏低。银行未来业务创新的方向应在中间业务和增值服务方面。财富管

---

① 在美国、日本、加拿大、英国、欧元区及中国香港特别行政区等已经实现利率市场化的地区，一年期存贷款利差大约为2%左右。参见杨志群、杨剑锋：《浅析利率市场化改革中商业银行经营策略的转变》，载《金融经济》2010年第5期。

② 比如，目前我国真正的商业票据如企业承兑的票据基本没有发展起来，现在都是银行承兑的票据。现在票据市场转让的票据90%以上都是商业银行承兑的票据，企业承兑的票据很少。银行承兑是借助银行的信誉，而企业承兑需要借助企业自身的信誉，这个市场基本上没有发展起来。参见安起雷、李耿喆：《我国金融机构体制设计的比较研究》，载《现代乡镇》2009年第2期。

理、理财顾问、资产托管等中间业务，都可以在不占用或少占用经营资本的前提下，使银行获得低风险的稳定收益，因此应该得到大力研发与推广。信用卡业务、理财服务、咨询业务、担保类业务、承诺业务、金融衍生品交易类业务等不受利率波动影响且不占用银行自身资金的中间业务或表外业务，要成为重点业务开拓方向。各个银行可在中间业务和增值服务方面研发不同类型的产品。二是要结合我国的金融资源需求者结构进行金融商品创新。比如，在金融商品市场化的过程中，要注重开发面向中小投资者的金融商品。目前，在中国金融市场中，政府、学者通常把机构投资者摆在了最重要的位置，把拓宽机构投资者的投资渠道作为金融产品创新的最主要的任务和目标，往往忽略了在中国金融市场中占有重要地位的中小投资者。一个不容置疑的事实是，目前我国中小投资者投资渠道单一，投资操作难度大，投资回报率低，亏损面大。为了改变中国中小投资者的投资困境，有必要尽快开展面向中小投者的金融商品开发。[①]《浙江省温州市金融综合改革试验区总体方案》中注意到了这一问题，特别提到要创新发展面向小微企业和三农的金融产品与服务，积极发展各类债券产品，创新发展服务于专业市场和产业集群的保险产品。

第二节　包容性金融监管法律制度的构建

实践证明，在落后国家、在后发展中国家发展市场经济，离不开国家调节。因为这些国家的市场经济，本质上是一种政府主导型的市场经济。政府对发展市场经济所怀抱的信心和决心，所作出的改革和调整，所采取的战略和策略，所动员的人力和物力，所承担的义务和责任，都对市场经济的发展影响甚巨。托达罗在总结发展中国家的经验后写道：“不管你喜不喜欢，第三世界政府不可避免地应比比较发达国家的政府为他们国家的美好未来承担更主动的

---

① 黄小维：《论以中小投资者为主体的金融产品创新》，载《广州市财贸管理干部学院学报》2005 年第 3 期。

责任。"[①]上述观点在中国得到了经典性的说明。中国市场经济的发展由政府启动,由政府推进,由政府改革,由政府主导,中国市场经济的顺利发展在很大程度上归功于政府主导。[②] 市场经济的时代不是不需要权力,也不意味着权力必须弱化。相反,由于经济社会生活的复杂化,当今的时代甚至需要一种更强的权力。但这里所说的权力的强化,必须以下面的两个条件为前提:第一,权力的设置要充分尊重市场经济的客观规律。第二,这种权力是有边界的,在权力发挥作用的边界内它应当是强有力的,但不能越界。越是强有力的权力,越是要置于法律的监控和制约之下。

上述观点同样适用于我国的金融市场。目前,政府在金融市场依然强势,金融市场发展的关键不在于取消政府的干预,而在于如何将政府的干预引导到有利于金融市场发展的轨道上来。要改变政府通过金融监管制度控制金融资源、偏袒国有金融的现状,创造出竞争、稳健、公平的金融环境,需要进行监管理念的更新和监管制度的变革。

一、监管理念的更新

(一)公平的监管

市场经济的一个基本特征是市场主体自由、平等,能站在同一起点展开竞争,并在竞争中享有同等的机会,政府对金融资源市场配置的干预必须尊重这一点并尽力保障上述规则的实现。这要求政府的金融监管要以公平为首要的价值取向。所谓公平监管,是指金融监管当局要按照公平、公开、统一的监管标准和监管方式对各类金融机构实施监管,在规则制定和法律适用上都要秉持公平的基本理念。

规则制定的公平。在依据金融法律法规来制定各项监管规章制度时,监管主体要遵循公平的立法理念,站在公平立场上,赋予各金融机构同等的竞争初始地位,对同类金融机构要规定同一的监管标准,不向任何利益集团有意倾

---

① [美]托达罗:《经济法与第三世界》,刘廷中译,中国经济出版社 1992 年版,第 513 页。

② 王保树主编:《经济法原理》,社会科学文献出版社 2004 年版,第 240 页。

斜。防止利用金融监管规则过度保护一部分金融市场主体利益的同时，损害另一部分金融市场主体的利益，争取为金融机构创造公平竞争的外部环境。

法律适用的公平。公平的监管不仅需要公平的法律体系，更为重要的是这些法律法规能得到公正的适用。在任何金融活动中，监管主体对金融市场所有受监管对象都应给予公平待遇，不得偏袒任何人。对同类金融机构适用相同的监管标准、相同的监管方式和相同的监管程序，不能因所有制、规模、地位、背景而发生法律上的倾斜，保证对各金融机构一视同仁。

（二）包容的监管[①]

包容的监管强调金融监管机构的监管态度应该是开放的、兼容并包的。通过金融监管所要达致的目的，除了学界公认的保护投资者的利益、维护金融市场的秩序外，还包括促进金融发展成果的公平合理分享。

体现在具体的制度层面，在金融机构的市场准入上，金融监管不应是特定利益集团维护自身利益的手段，不能通过金融监管把潜在的市场参与者拒之门外，然后任由有限的经营者垄断经营不当牟利。包容性监管意味着给予金融市场的参与者以公平发展的机会，不禁止民间资本进入金融领域。不歧视民间资本，不人为地设置障碍，给予民间资本国民待遇，对民间资本进入金融领域不附加任何特别或歧视性的限制，对于允许外国资本开办的业务、进入的地区，民间资本也应被允许进入。包容性金融监管还意味着鼓励兴办各类金

---

① 包容监管提出的背景是“包容性增长”。包容性增长概念的提出，则是基于目前许多发展中国家一味强调经济增长而忽略社会发展的其他方面，以致出现了“不利于的穷人增长”，包括无工作的增长、无声的增长、无情的增长、无根的增长、无未来的增长等。无工作的增长，即较快的经济增长却不能带来就业的增长；无声的增长，即有些国家经济增长很快，但缺乏民主和自由；无情的增长，即在一些发展中国家，虽然经济增长较快，但收入分配不平等却更加严重了；无根的增长，即经济增长伴随着民族文化多样性的消失，强制少数民族接受所谓的现代文明；无未来的增长，即增长伴随着自然资源耗竭和生态环境恶化。在这一背景下，如何使经济增长与发展过程更加公平，使增长成果能够更广泛地分享，逐渐成为讨论与研究发展政策的焦点。包容性增长的理念正是在这样的背景下提出的，且正在被越来越多的发展中国家以及国际社会所接受。包容性增长是指“经济的增长增加了对所有人而言都平等的社会机会，且该机会由人们所共享”。包容性增长理念的核心要义正是要消除贫困者权利的贫困和所面临的社会排斥，实现机会平等和公平参与，使包括贫困人口在内的所有群体均能参与经济增长、为之做出贡献，并由此合理分享增长的成果。参见邢会强：《金融法的二元结构》，载《法商研究》2011 年第 3 期。

融机构,尤其是针对弱势群体和中小企业的金融机构,让弱势群体和中小企业有机会获取金融资源和必要的金融服务。

包容性监管的根本目的,是让金融发展的成果惠及各种所有制的出资者和各种所有制的经济体,惠及所有人群。其关键词是希望和参与,使社会上尽可能广泛的人群能看到希望。让一些社会成员永远也不可能指望得到那些既得利益者得到的,这样的监管制度就是不包容的。监管制度的设计应该尽量让人们看到希望,让他们有机会公平地分享金融资源和金融服务。

(三)独立的监管

俘虏理论认为,①监管者在监管过程中有被监管对象俘获的风险。监管对象为了逃避市场竞争和保护自己的特殊利益,会采用各种手段对监管机构施加影响。受利益的驱动及其他因素影响,监管机构可能无法坚守法律要求,逐渐妥协,越来越为监管对象所支配,监管效率也会越来越低下。我国就发生过监管机构被利益集团左右的案例。② 虽然这不是普遍现象,但警示人们,如果金融监管机构受到利益集团的影响、左右,金融监管机构就不再是"公共利

① 参见董延林:《经济法原理问题》,中国方正出版社 2004 年版,第 129 ~ 160 页。

② 1997 年 5 月,海南省部分城市信用社出现支付危机。1997 年 12 月 16 日,经中国人民银行总行批准,中国人民银行海南省分行发布公告,宣布关闭违法违规经营、严重资不抵债、已不能支付到期债务的城市信用社,海南省 29 家信用社除一家城市信用社独立经营外,其余的全部由海南发展银行托管、兼并。在接受托管前,海南发展银行的发展态势良好,但兼并后背上了不良资产的沉重包袱和对外支付的沉重压力,实力下降。海南发展银行从 1997 年 12 月 22 日恢复对兼并的 28 家城市信用社储蓄资本金和合法利息的支付,合法利息比当初城市信用社承诺的利息要低十几个百分点,储户对银行单方面降低存款利率非常不满,城市信用社和海南发展银行原有储户纷纷提款,恐慌心理随之迅速蔓延,海南发展银行出现了全面的储户挤兑,短短的 10 天内被提 9.87亿元,海南发展银行深陷支付危机。为避免危机进一步发展,中国人民银行决定对其实施行政关闭。事件的调查结果发人深思。原来被海南发展银行收购的 28 家城市信用社的设立人员"身份特殊",一些人原来是中国人民银行和中国工商银行的工作人员,他们与中国人民银行干部有着非常密切的利益关系。信用社设立后,这些兴办人员不善经营和管理,大量投资房地产和股市,造成严重亏损,资不抵债,为了弥补亏损,转嫁危机,他们怂恿中国人民银行出台相关政策,命令海南发展银行把这些经营不善、严重亏损即将倒闭的信用社全部收购,把所有的坏账全部卸到海南发展银行身上,最终使其陷入困境。正如有学者指出的,海南发展银行倒闭有多方面的原因,但主要原因是,监管者被利益集团俘获,滥用权力,强行命令其收购 20 多家城市合作信用社,干预金融机构正常经营活动的结果。参见林志远:《中国金融改革的理论和实践》,经济科学出版社 2000 年版,第 342 页。

益”的实现者,而是蜕变为被监管者利益的迁就者、维护者,甚至沦为利益集团获取利益的工具。要实现金融监管的公平,就必须保证金融监管独立。在金融资源配置过程中,尤其在金融资源的区域配置问题上,要保持监管机构的独立性,防止金融监管当局被重要的利益集团——地方政府“俘获”。

目前,地方政府是区域金融资源配置中的重要利益主体。地方政府早就意识到了金融在经济发展中不容小视的拉动作用,哪个地区更早、更多地占有金融资源,哪个地区就更有条件实现经济的高速发展。为了推动地方经济的快速发展,实现地方利益的最大化,近几年地方政府争相进行区域金融中心的建设,极力争取各类金融资源。在我国现有的体制下,区域金融中心的建设必须获得中央政府和监管机构的许可,金融中心建设由此演变为政府特许权的竞争。变身为一个个独立利益集团的地方政府,为实现各自的利益采取各种手段游说监管当局,通过各种渠道向金融监管部门进行渗透。这时,在程序正义缺乏和监管当局独立性缺失的情况下,金融资源地区配置的标准就会异化。金融资源的地区配置标准就会从金融资源对区域经济拉动作用的大小及国家金融整体协调发展的需要,异化为地方政府的争取力度和各地方政府与中央金融决策部门的讨价还价能力。在此基础上建立的区域金融中心,不仅容易在规模和类型上雷同,实质上成为地方官员的政绩工程、面子工程。而且由于地方压力的普遍存在,各类金融机构资金的跨地区流动受到遏制,彼此间的联系极少,导致金融资源的地方分割状态长期存在。如此,区域金融中心的建设就不仅不能迅速带动区域经济的发展,反而会造成低水平的重复建设,造成资本的巨大浪费。

二、建立包容的金融市场准入制度

包容的金融市场准入制度,是指金融市场准入制度设立的目的不是限制多种所有制性质的竞争者进入市场,以保持国有金融机构的垄断利润,而应当是通过设立适当的门槛,适度控制金融机构的风险,为各类型的金融机构提供公平合理的竞争起点。

实践证明,不仅国有金融等正规形式的金融有存在的必要,而且以民间金融为主要表现形式的非正规金融也有存在的必要。从国际经验来看,在过去的40年中,有很多国家的政府试图将正规金融制度引入民间金融领域而向民间提供廉价信贷,但结果都不尽如人意。① 因为民间金融所需的信贷量,对于正式的金融机构来说可能数量太小,但正式金融机构却要为此信贷履行与大额信贷基本相同的程序并支付额外的信用评估与监督成本,正式的金融机构在乡村和小城镇开办分支机构的费用,往往与由此引起的业务不相适应。正规金融机构更倾向于与资本密集型的大规模信贷需求建立联系。既然正规金融无法满足民间广泛存在的特别是非国有经济体的金融需求,我们就应当承认内生于非国有经济体内部的非正规金融,给予非正规金融以合法的地位。

承认非正规金融的合法性,鼓励民间资本投资金融领域不仅关系到民间资本的公平待遇,也关系到中国未来市场经济资源配置方式的方向性选择问题——选择按照市场来配置资源,还是选择按照政策、权力来配置资源。因此,中国新一轮金融改革的首要任务,就是放松对民间资本进入金融市场的管控,承认民间资本具有进入金融领域的资格,这意味着必须设定公开透明的市场准入标准,对各类投资主体同等对待,不对民间资本设置附加条件。这需要打破现有金融市场准入方面的人为壁垒,允许民间资本兴办金融机构,允许民间资本作为金融企业的第一大股东,获得企业的主导权、控制权。并且这一非偏袒性的金融市场准入制度需要最终通过法律确认。要使民间资本能真正进入金融市场,需要从以下几方面寻求突破。

(一)确立差异化的金融机构准入原则

按照目前相关法律的规定,各类金融机构的市场准入实行统一的核准制。监管部门对民间资本设立新型金融机构实行核准制,主要源于对民间资本进入金融领域可能引起风险的担忧。比如,很多民间资本都是从事制造业等实体经济的,没有金融从业经验,因此很难做好;民营企业一旦入主金融机构,会不会将其当作提款机,发生大量关联交易;民营企业唯利是图的本性和不稳定

① 张杰:《中国体制外增长中的金融安排》,载《经济学家》1999年第2期。

性,在经营不善时,会不会携款潜逃,进而影响金融稳定甚至酿成金融危机。[①]这些担忧不无道理,金融业毕竟是高杠杆行业,其风险的外部效应很强,实行核准制在一定程度上有利于控制金融机构的风险。但无差异的核准制,无疑也带来了设计程序烦琐、设立效率低下、监管机构权力膨胀甚至主动"寻租"等风险,在某种意义上成为民间资本入主金融机构的制度"瓶颈"。

为了鼓励民间资本的发展,在金融服务方面可以实行灵活的市场准入制度,考虑到制度推行的成本,这一改革可以先在农村金融领域推行。目前,民间资本可以发起或参与设立村镇银行、贷款公司、小额贷款公司、农村资金互助社等农村新型金融机构。按照目前已有规定,新型农村金融机构的市场准入实行统一的核准制,在具备法律规定的基本条件之外,机构的成立还需得到监管机关的审批。依据《村镇银行管理暂行规定》,设立村镇银行应当经过筹建和开业两个阶段。在筹建阶段,由银监分局或所在城市银监局受理、审查并决定。经筹建达到开业条件的,其开业申请由银监分局或所在城市银监局受理、审查并决定。[②] 根据《农村资金互助社管理暂行规定》的规定,农村资金互助社的设立也有筹建与开业两个阶段,农村资金互助社的筹建申请由银监分局受理并初步审查,银监局审查并决定。开业申请由银监分局受理、审查并决定,经批准设立的农村资金互助社,由银行业监督管理机构颁发金融许可证,并按工商行政管理部门规定办理注册登记,领取营业执照。[③] 依照《贷款公司管理暂行规定》的规定,贷款公司的筹建申请,由银监分局或所在城市银监局受理,银监局审查并决定。贷款公司的开业申请,由银监分局或所在城市银监局受理、审查并决定。[④]

实际上,虽然都是新型农村金融机构,但村镇银行、贷款公司、小额贷款公司、农村资金互助社还是存在本质区别的。在业务范围上,贷款公司可以办理

① 郭田勇:《民间资本进入金融领域还需突破双重门》,载天津网:http://www.tianjinwe.com/rollnews/cj/201005/t20100524_892738.html,最后访问日期:2011 年 1 月 14 日。

② 参见《村镇银行管理暂行规定》第 15 条。

③ 参见《农村资金互助社管理暂行规定》第 10 条、第 15 条。

④ 参见《贷款公司管理暂行规定》第 13 条。

各项贷款、票据贴现、资产转让、贷款项下的结算，但不得吸收公众存款。[①] 小额贷款公司不吸收公众存款，专门经营小额贷款业务。农村资金互助社是由乡（镇）、行政村农民和农村小企业自愿入股组成的，是互助性的金融机构，因此，业务上也具有范围的限定性，其业务主要是为社员提供存款、贷款、结算服务，不能向非社员吸收存款、发放贷款及办理其他金融业务。[②] 相比之下，村镇银行的经营范围要宽泛得多，除业务范围上的地域限制外，基本上囊括了一般商业银行所有的业务。由于贷款公司、小额贷款公司不吸收公众存款，农村资金互助社只在特定的社员范围内开展业务，因此，风险的可控性程度高，对民间资本开放的风险也较小，在审慎监管的前提下，可实行准则主义。准则主义最为本质的特点如下：一是交易安全的实现借助于客观的法定条件，而非行政机关的主观自由裁量；二是保障交易安全的条件的法定化和公示化。[③] 在贷款公司、小额贷款公司和农村资金互助社的设立上采用准则主义，有助于最大可能地放开民间资本准入。

（二）明确民间资本设立金融机构的审批标准

由于金融业的特殊性，对一定类别的金融机构市场准入实行审批制是必要的。但在我国现行的金融监管法律法规中，除了《保险法》第 67 条中指出“设立保险公司应当经国务院保险监督管理机构批准。国务院保险监督管理机构审查保险公司的设立申请时，应当考虑保险业的发展和公平竞争的需要”外，无论是《银行业监督管理法》、还是《证券公司监督管理条例》，[④]都只是规定金融机构的成立需要得到监管当局的审批，但审批标准是什么，法律并没有明确规定。国务院《关于鼓励和引导民间投资健康发展的若干意见》的

① 参见《贷款公司管理暂行规定》第 20 条。

② 参见《农村资金互助社管理暂行规定》第 41 ~45 条。

③ 冯果：《公司法》，武汉大学出版社 2007 年版，第 54 页。

④ 例如，《银行业监督管理法》第 16 条规定：“国务院银行业监督管理机构依照法律、行政法规规定的条件和程序，审查批准银行业金融机构的设立、变更、终止以及业务范围。”这里只是指明了审批的依据，并没有指明审批标准。证券公司的设立存在同样的问题。《证券公司监督管理条例》第 8 条规定：设立证券公司，应当具备《公司法》《证券法》和本条例规定的条件，并经国务院证券监督管理机构批准。

“新非公36条”中,没有提到民营资本进入金融业的“条件”,但前提是“加强有效监管、促进规范经营、防范金融风险”。按此模式,民营资本若想进入金融领域,必然需要层层申报、考核、比较、审批。没有明确标准的审批,就为监管当局提供了巨大的权力空间,批还是不批,同意还是不同意,监管当局有绝对的控制权,民间资本不明所以,对审批结果只能被动接受。标准不透明,权力运行的是否公正难免令人质疑。

鉴于此,有必要在法律上明确民间资本进入金融领域的审批标准。民间资本在具备法律规定的兴办各类金融机构基本条件后,监管机构在什么情况下同意,什么情况下禁止,这个标准应该是清晰的,也应该是公开的。任何规则上的例外都必须由法律明确规定。

(三)降低金融机构的资本门槛,便于民间资本进入

很多产业的最优市场结构是完全竞争的形态,指的是帕累托最优的状态。但金融业却是个例外,由于存在严重的信息不对称问题和外部性,完全自由放任、完全竞争的金融产业会出现市场失败。因此,通过政府适度的干预和管控来施加“金融约束”,有助于提高金融效率和促进金融业的健康稳定发展。对于金融业来说,一定程度竞争的市场结构更易实现效率和稳定,是比较理想的状况。因此,市场准入限制不应该取消,而是应适度降低准入标准,并使之透明和合理。[①]

在法定资本制下,金融机构的注册资本构成对外交往的信用基础,是金融机构赖以存在的血液,是业务运行的物质基础,是金融机构债务的总担保。[②]因此,规定注册资本的最低限额是有必要的。但对资本的要求和期望过多,规定过高的注册资本限额,事实上就会阻碍民间资本进入金融领域,甚至会变相剥夺民间资本兴办金融机构的机会。以民间资本最易进入的农村金融领域为例,目前,民间资本已经进入的贷款公司、村镇银行、农村资金互助社的准入门槛相对不高,按照相关规定,贷款公司的注册资本不低于50万元人民币,且为

① 张礼卿主编:《金融自由化与金融稳定》,人民出版社2005年版,第262页。
② 石少侠主编:《公司法教程》,中国政法大学出版社1999年版,第86页。

实收资本,由投资人一次足额缴纳。[①] 在乡(镇)设立的农村资金互助社,注册资本不低于30万元人民币;在行政村设立的农村资金互助社,注册资本不低于10万元人民币,注册资本为实缴资本。[②] 村镇银行的注册资本因设立地点不同有所差别。在县(市)设立的村镇银行,其注册资本不得低于300万元人民币;在乡(镇)设立的村镇银行,其注册资本不得低于100万元人民币。[③] 但小额贷款公司的资本门槛相对较高,依照《关于小额贷款公司试点的指导意见》的规定,小额贷款公司的注册资本来源应真实合法,全部为实收货币资本,由出资人或发起人一次足额缴纳。其中,有限责任公司的注册资本不得低于500万元人民币,股份有限公司的注册资本不得低于1000万元人民币。

按照监管当局的政策初衷,小额贷款公司是依托民间资金、以服务"三农"和支持农村经济发展为重点,为农户提供小额贷款的机构,资金来源为自由资金、捐赠资金或单一来源的批发资金形式,不吸收存款,不跨区经营,股东最多不超过5个,贷款利率可由借贷双方自由协商。经过一段时间的试点运行,在风险规避和经营模式的已有经验上,可以考虑进一步扩大试点,允许一部分实力较强、经营较规范的非正规金融组织和机构转为小额贷款公司,为民间资金向"三农"金融服务体系汇集,提供一种制度性便利和市场化疏导机制。但实践中,小额贷款公司的发展情况不尽如人意,高额的注册资本给小额贷款公司的发展造成了明显的制约。若想进一步发展小额贷款公司,更大程度地调动民间资本的积极性,则还需要适度调低小额贷款公司注册资本额。

(四)放宽服务弱势群体的金融业务创新准入限制,适度地给予税收优惠和风险补偿

农户、农民、中小企业,尤其是非公有制的中小企业是目前我国金融资源配置模式下的弱势群体。很久以来,我国政府都倾向于以所有制为标准进行金融资源的配置,在此标准下,不同所有制形式的经济主体获得的金融资源数

① 参见《贷款公司管理暂行规定》第8条。

② 参见《农村资金互助社管理暂行规定》第9条。

③ 参见《村镇银行管理暂行规定》第7条。

量、质量不同。政府将更多的金融资源配置给符合其经济偏好的国有制经济主体,这在客观上造成了对体制内经济体的重视和对体制外经济体的轻视,农户、农民、中小企业的弱势地位由此产生。

应该说,始终仅由少部分群体获取大部分的金融资源,这样的配置是不公平的,这样的配置标准也是不科学的。目前,我国的市场经济改革正逐步深入,如果金融资源配置依然以所有制为标准,则不仅违背了市场经济"公平竞争"的根本原则,而且会造成金融资源配置差距的进一步扩大。出于公平的考量,金融资源配置必须公正,取消对国有企业的特殊保护。金融资源配置要尽量不考虑经济主体的"出身",一视同仁地对待所有市场主体。以行业对国民经济的贡献来决定该行业金融资源的增减、规模大小、限制还是扶持。为了更多地考虑非国有制经济的金融资源需求,实现向公平配置的转变,鼓励服务弱势群体的金融业务创新实属必要。

为此,监管机构对于金融机构服务弱势群体的业务创新,例如,针对民营经济的信贷需求推出的个性化差异服务;针对不同行业、不同产品、不同规模、不同需求的民营企业推出诸如微型贷款、创业贷款、组合贷款、联保协议贷款、公司担保职工自然人贷款之类的金融服务产品;针对农户开展农房抵押贷款业等项目①要在审慎监管的前提下适当放宽限制。

除了放宽准入限制之外,对于服务弱势群体的金融业务,政府可以给予适度的税收优惠和风险补偿。以服务弱势群体的小额信贷为例,目前政府已经开始提供扶贫贴息资金,有些地方政府也开始提供风险补偿金,对50万元以下的贷款给予千分之五的风险补偿。财政部和国家税务总局发布的《关于农村金融有关税收政策的通知》明确,从2009年1月1日至2013年12月31日,对金融机构农户小额贷款的利息收入,免征营业税;对金融机构农户小额贷款

① 2011年八九月开始,温州爆发一场波及广泛的民间借贷危机。当年10月,温州市政府起草《温州金融改革综合试验区总体方案》,试图进行金融改革创新。其中的一项重要内容就是"优化农村金融服务,开展农房抵押贷款业等项目的信贷需求"。中国人民银行行长周小川表示,温州金融综合改革的要点和重点在于"减少管制、支持创新、鼓励民营、服务基层、支持实体经济、配套协调、安全稳定"。

的利息收入在计算应纳税所得额时,按90%计入收入总额;对保险公司为种植业、养殖业提供保险业务取得的保费收入,在计算应纳税所得额时,按90%比例减计收入。此外,自2009年1月1日至2011年12月31日,对农村信用社、村镇银行、农村资金互助社、贷款公司、法人机构所在地在县以下的农村合作银行和农村商业银行的金融保险业收入减按3%的税率征收营业税。这些税收优惠和风险补偿,大大推动了金融机构服务弱势群体的金融创新。但政府给予这类业务创新的优惠政策,还有进一步完善。比如,对50万元以下的小企业贷款也应该有税收优惠;采取所得税、营业税减半征收的政策更有利于鼓励金融机构和信贷组织对小企业、微小企业放贷。①

(五)创造有利于民间资本准入的金融生态环境

就法律产生作用的环境而言,要创造有利于民间资本发展的金融生态环境,其中最主要的是打破中国式的行政垄断。

民间资本难以进入金融领域,其根本症结在于行政垄断难以打破。在一定意义上,我国金融业的国有资本垄断是行政权力干预金融市场的结果。改革进行到今天,不仅中央政府的利益与金融市场息息相关,地方政府的利益也与金融市场紧密相连。在财政分权的体制下,国有金融为主的金融结构更便于地方政府通过各种手段控制金融为地方经济发展服务。作为既得利益者,中央政府的决策虽然有利于整个国家经济结构的战略性调整,但地方政府的利益可能遭受损害,地方政府没有推行这一决策的经济动力又不能公然反对,于是就变相阻挠。行政垄断成为地方政府阻止中央政策实施的有力手段,通过权力之手筑起准入壁垒,将民间竞争者排除在外。行政垄断由此成为横亘在民间资本进入金融领域道路上的一道"玻璃门",将严重制约我国经济结构,尤其是投资主体结构的战略性调整。只有彻底打破行政垄断,创造有利于民间资本发展的金融生态环境,民间资本才可能真正进入金融领域。

---

① 孙凌燕、李倩:《构建普惠金融促进社会和谐——访全国人大财经委副主任委员、中国金融学会执行副会长吴晓灵》,载《金融时报》2010年8月3日,第1版。

三、构建公平的金融市场退出制度

一个完善的金融市场除了设置金融市场准入制度外，还必须有健全的金融机构市场退出制度。公平的金融市场退出制度是指不同类型、不同规模、不同所有制的金融机构要遵循一致的市场退出原则，国家不对个别金融机构进行特别保护。是否退出金融市场的衡量标准是金融机构自身的经营意愿和客观经营情况，规模、所有制、类型等不应成为金融机构退出金融市场的阻碍因素。① 不仅小型、非国有金融机构可以倒闭、破产、退出市场，大型、国有金融机构、具有系统重要性的金融机构如果经营失败或经营不审慎，也同样可以被撤销，可以申请破产。为了达致这一目标，需要进行一系列法律制度的构建。

（一）建立统一协调的金融机构市场退出法律制度

目前，在金融机构市场退出的法律规制方面，我国缺乏统一协调、详细具体、可操作性强的法律规定。相对于自愿式退出金融市场，强制性退出金融市场所涉及的法律问题更多，因此应成为金融机构市场退出法律制度构建的关键。

1. 完善金融机构撤销法律制度

在我国，金融监管机构拥有撤销问题金融机构的权力，如果金融机构的经营违反了法律规定并达到了法定程度，就由金融监管机构运用行政手段予以

---

① “为什么不能让银行倒闭？中国国情特殊吗？”曾经担任中国人民银行监管司副司长，现为世界银行高级金融专家王君认为，中国在对金融机构破产倒闭处置上，多年来进步不大，且程序繁杂、效率不高。众多资不抵债的金融机构因复杂的原因不能退出市场，而现在经常让资质好的金融机构接手快要“坏死”的金融机构，导致好的金融机构也可能被拖累“死”。造成这一问题的原因在于多数人有倾向性地认为：有三类银行不能“倒”。其一是“太大而不倒”，包括“工农中建交”五大行和股份制银行，因其规模太大，如让其破产将会造成社会动荡。其二是“太少而不倒”，主要指农村信用社和城市商业银行。由于国有商业银行从农村撤军，农村信用社成为农村地区唯一的金融机构，尽管很多农村信用社资不抵债，仍然不能让其破产。这是因为一旦撤销农信社，农村就没有金融机构。而城商行一般是一个城市一家，地方政府一般不会允许撤销。其三是“太多而不倒”，几乎涵盖上述所有银行，主要是决策者担心，一旦银行倒闭，会引起“多米诺骨牌效应”，带来连锁反应，从造成挤兑，引发金融危机。上述材料说明，规模、类型、所有制已经成为阻碍金融机构退出金融市场的实质因素。规模太大、类型太少、国有性质的金融机构都不能破产。参见贺江兵：《海南发展银行清算倒逼银行破产机制》，载《财经时报》2006 年 12 月 16 日。

关闭,被撤销的金融机构从此退出金融市场。实践中,我国问题金融机构市场退出市场采用最多的就是此种方式。[①]

金融监管机构撤销问题金融机构的法律依据主要有《银行业监督管理法》《保险法》《证券法》。[②] 在上述法律中,我国金融机构撤销条件规定得过于原则,还不够具体。撤销与否直接决定着金融机构的主体资格能否存续,事关重大,应规定的明确详细才为得当。因此,国务院专门在2001年颁布了《金融机构撤销条例》。随着时间的推移,这一条例的不完善之处逐渐显现。首先,这一条例颁布于2001年,当时主要由中国人民银行行使金融监管的职责,《金融机构撤销条例》赋予中国人民银行撤销金融机构的权力。但2003年我国的金融监管机构发生了重大变化,中国银行业监督管理委员会成立,行使原由中国人民银行履行的监督管理职权,因此,《金融机构撤销条例》应该进行修正,剥离原来赋予中国人民银行的撤销金融机构的权力,改由新的金融监管机构行使。其次,《金融机构撤销条例》将撤销金融机构的标准,界定为"金融机构有违法违规经营、经营管理不善等情形,不予撤销将严重危害金融秩序、损害社会公众利益",这一标准相对抽象,还有待具体明确。笔者建议,参考美国《联邦存款保险法》第11条第(c)款第(5)项的规定,对我国关闭金融机构的条件予以细化。这些条件包括存款机构资不抵债;重大浪费;不安全和不合理经营;故意违反停止和终止命令;隐匿或拒绝向合法监管者、检查者提供其

---

① 近年来,中国人民银行采取关闭或撤销方式,处置了一大批金融机构。先后关闭了中银信托投资公司、中国农村信托投资发展有限公司、中国新技术创业投资公司、广东恩平城市信用社、广西北海城市信用社等。我国目前金融机构的破产案例为数不多,比较有代表性的有广东国际信托投资公司破产案、海南汇通国际信托投资公司破产案等。其中广东国际信托投资公司是我国第一家通过破产退出市场的金融机构。

② 《银行业监督管理法》第39条规定:"银行业金融机构有违法经营、经营管理不善等情形,不予撤销将严重危害金融秩序、损害公众利益的,国务院银行业监督管理机构有权予以撤销。"《保险法》第150条规定:"保险公司因违法经营被依法吊销经营保险业务许可证的,或者偿付能力低于国务院保险监督管理机构规定标准,不予撤销将严重危害保险市场秩序、损害公共利益的,由国务院保险监督管理机构予以撤销并公告,依法及时组织清算组进行清算。"《证券法》第197条规定:"未经批准,擅自设立证券公司或者非法经营证券业务的,由证券监督管理机构予以取缔。"

账簿、文件、档案、资产和有关事物；无力偿债；亏损，存款机构已经发生或可能发生的亏损将耗尽其所有的或实际上的所有资本，如果没有联邦援助，其资本将不可能充足；被保险人资格参保资格的停止；资本不足未能改正；资本严重不足；犯有洗钱罪。① 最后，《金融机构撤销条例》还存在一些立法漏点，在一些细小具体的法律问题上还有待完善。例如，金融机构被撤销后需依法组成清算组进行清算，条例对清算组的工作程序等内容规定得较为原则性，缺乏具体的操作规程。当债权人与清算组无法就清算方案达成一致意见时，撤销程序该如何进行，该条例对此没有作出明确的规定。

2. 健全金融机构破产法律制度

我国目前的《企业破产法》无法直接适用于金融机构，《企业破产法》授权国务院制定专门的《金融机构破产条例》。实际上这项工作已经开始进行了。早在 2006 年，为了完善金融机构的退出机制，中国银监会、国际金融公司(International Finance Corporation，IFC)和亚洲开发银行就已联合举办“银行业金融机构市场退出机制国际研讨会”，全国人大法工委、国务院法制办、“一行三会”等的有关负责人、涉及相关内容的中外官员、专家悉数出席会议，为起草《金融机构破产条例》进行造势和预热。在这样的舆论背景下，《金融机构破产条例》早在 2007 年就已列入了起草规划。但始于 2007 年夏天后，席卷全球的金融危机中断了商业银行几乎所有创新制度以及破产条例的制定工作，因此，尽管市场期待殷殷，但银监会至今并未发布实施破产条例。2011 年年初，在《国务院 2011 年立法计划》中，按时间快慢顺序，位列于第三梯队的需要积极研究论证的项目中，明确列出了《银行业金融机构破产条例》，由银监会起草。

金融机构破产条例今又重新启动制定工作，既要妥善处理好与现行法律规定的关系，又要从根本上考虑金融机构的特殊性，解决金融机构破产过程中可能遇到的实体和程序问题，可想而知其中必将困难重重。即将起草的新条例要着重解决以下问题：

---

① 唐旭、邱海洋：《金融机构市场退出的破产法悬疑》，载《上海证券报》2006 年 10 月 13 日，A15 版。

(1)制定和完善相关法律,规范金融机构的接管与重组

为了维护金融秩序的稳定,保护金融消费者和债权人的合法利益,世界各国及地区对于陷入财务困境的金融机构,尤其是大型存款类金融机构,首选的公共政策不是破产清算,而是救助和重组,这就需要专门的法律详细规定金融机构接受救助和进行重组的相关事宜。虽然我国《企业破产法》中有关于企业破产重整与破产和解制度的规定,但这些规定却很难直接适用于金融机构。原因如下:首先,将破产重整、和解程序直接适用于金融机构,将导致金融监管权与司法权的冲突。以银行为例,如果商业银行达到接管条件,由银行业监管机构接管或重组,[①]而同时该商业银行的债权人或债务人向法院申请启动破产重整程序,两种权力如何协调?是金融监管权优先,在行政"接管、重组"期间,法院不受理债权人或债务人启动破产重整程序的申请?还是司法权优先,一旦申请破产重整程序,原有的接管程序停止?其次,法院很难主持协调金融机构的重整。金融机构重组,通常需要使用一定的金融工具,需要投入大量的资金,一般只能由具备相关经验的金融专业人士完成,而法院一方面缺少设立过渡银行、资金救助、寻找购买方等重组手段,另一方面又缺少金融专业人才,因此很难主持金融机构的重整。这也是美国多数金融机构包括证券公司不适用美国《破产法典》第十一章重整程序的原因。[②] 因此,对于金融机构来说,专门的"金融机构接管、重组"程序比法院主导的破产重整、和解程序更有效。制定和完善相关法律,规范金融机构的接管与重组就显得十分必要。[③]

(2)尽快制定专门的《金融机构破产条例》,细化金融机构破产的具体条件和程序

鉴于金融机构超负债经营的运作模式,使其内生固有之脆弱性和危机之

---

① 《银行业监督管理法》第38条规定,银行监管机构有权依法对银行业金融机构实行接管或者促成机构重组。

② 在美国,除了银行不适用《破产法典》外,美国证券公司的市场退出由证券投资者保护公司(Securities Investor Protection Corporation,SIPC)主导,虽然适用美国《破产法典》第七章清算程序,但不适用第十一章重整程序。

③ 唐旭、邱海洋:《金融机构市场退出的破产法悬疑》,载《上海证券报》2006年10月13日,A15版。

传染性,因此,在破产的法律适用上,金融机构与一般工商企业有所不同,有必要制定专门的《金融机构破产条例》。在制定的过程中,需要特别注意以下两个方面的问题:一方面,要着重解决理论和实践中还存有争议的实体性和程序性法律问题,如"金融机构"的具体含义;金融机构的破产原因;破产申请人的资格,是仅有金融监管部门可以提出破产申请,还是债权人和金融机构自身也可以提出破产申请;破产宣告前的审核程序;破产财产的分配顺序,是否优先考虑个人储蓄存款的偿还;破产管理人的选任,金融机构财产如何变现;境外债权人问题等。另一方面,要注意《金融机构破产条例》与已有的《企业破产法》《金融机构撤销条例》《证券公司风险处置条例》等法律法规的衔接与协调。

(二)建立和完善与金融机构市场退出相关的保险和补偿制度

与金融机构市场退出相关的保险和补偿制度,主要是指银行业的存款保险制度、证券业的证券投资者保护基金制度、保险业的寿险补偿制度、期货业的基金和期货投资者保护基金等相关配套制度。这些配套制度的成熟程度直接关系到金融机构破产对于金融市场的冲击力度,关系到金融机构破产能否顺利进行,应当尽快建立。

目前,中国建立了证券、期货投资者保障基金和保险保障基金,[①]但银行业中的存款保障制度尚未建立,政府在一些金融机构破产的过程中,采用了非

① 关于证券投资者保护制度,2004年国家出台了《个人债券及客户证券交易结算资金收购意见》,这是在存款保险制度和证券投资者保护制度建立之前,按照"依法清偿、适当收购"的原则处理停业整顿、托管经营、被撤销金融机构(不包括期货经纪公司和保险公司)中个人债权及客户证券交易结算资金问题的方法。到了2005年8月30日,中国证券投资者保护基金有限责任公司正式成立。《证券投资者保护基金管理办法》作为政策支持在9月28日出台。当证券公司解散、被撤销、破产,或被证监会采取行政接管、托管经营等强制措施时,由保护基金按照国家有关的政策性规定对债权人予以偿付。证券投资者保护基金由证监会、财政部、中国人民银行进行联合监督检查。保护基金的设立是我国证券法律制度保护投资者,尤其是中小投资者合法权益这项基本原则的具体体现。在保险业,《保险保障基金管理办法》于2005年1月1日正式开始实施。保险保障基金制度的建立意味着我国长期以来曾实施的"金融机构破产,国家财政兜底"体制在保险领域被率先冲破。2006年3月2日,保险保障基金理事会成立,标志着内部管理和外部监督相结合的保险保障基金运作机制已初步成立。

制度化的变通方法来保证存款人的利益,[①]虽然解决了问题,但毕竟是权宜之计,为了保护金融消费者的权益和规范金融体系运作,我国可以参照国外实践的成功经验,结合我国国情尽快建立存款保险制度。

存款保险制度,是指一国金融监管部门为了维护存款人的利益和金融业的稳定与安全,在金融体系中设立存款保险机构,凡吸收公众存款的金融机构或被强制或自愿地根据吸收存款规模大小,按照一定保险费率向某一存款保险机构缴纳保险金,当投保存款机构出现信用危机,特别是发生挤兑而不能支付存款本息时,由存款保险机构向其提供流动性资助或代其在约定的限度内向存款者支付存款,以帮助保险人度过危机或避免危机扩散的一项显性的制度安排。存款保险制度是按照金融企业责任自负、风险自担的经营原则设计的,作为金融机构退出机制中的一项重要风险补偿制度。它的功能不仅在于通过监督投保金融机构的经营而分担一部分金融监管职能,更重要的是对有问题的或经营失败的投保金融机构,注入流动性资金或给予存款赔付,帮助其度过危机或进行债务清偿。有了存款保险制度,一旦金融企业发生破产,首先由存款保险机构进行救助和补偿,可将现阶段许多由政府救助或中国人民银行再贷款救助的保障机制转为商业化方式进行援助,从而大大减轻国家在金融机构破产时的注资和补偿责任,是更符合市场经济规律的制度设计。这一制度的科学性还在于,一旦存款性金融机构进入破产程序,存款保险机构存款只负责偿付存款人的部分存款,存款人对自己的存款行为也要承担一定的风险责任。因此,存款人在选择存款银行时会更加谨慎,经营良好、信誉优良的存款性金融机构才可能吸收到更多的存款,这会对金融机构形成无形的外部压力,从而具有优胜劣汰、促进金融机构改善经营的功能,进而优化金融资源配置。

随着近年来我国建立存款保险制度的呼声越来越高,中国人民银行早在

① 如广东信托投资公司的7.8亿元自然人存款,采取广东政府财政厅垫付资金,委托中国银行广东分行向自然人支付本金利息,中国银行广东省分行在支付存款后取得广信债权的代位求偿权,作为普通债权人与其他债权人一起受偿的做法。

1997年就着手研究构建中国存款保险体系的相关问题,并对欧美等国的存款保险制度进行了考察。2003年又设立金融稳定局,并在金融稳定局内设立存款保险处,但《存款保险法》还是迟迟没有出台。在未来的存款保险制度法律规范中应该详细规范以下内容:存款保险机构的法律地位、组织形式、法定职责及权限;存款保险机构与政府及中国人民银行的法律关系;存款保险的资金包括初始资本金及后续资金的来源;参加存款保险的金融机构的范围;享受存款保险的存款业务种类和品种、保险费率的确定、调整和收缴;存款保险理赔的情形、限额及支付方式;存款保险机构处理有问题金融机构的原则、条件及方式;存款保险机构清算有问题金融机构过程中的权力;有关存款保险组织建立内控制度以防范道德风险的法律要求等。①

第三节 差异化金融宏观调控法律制度的构建

我国幅员辽阔,各个地区经济发展水平差异较大。既有经济发达的东部地区,也有经济欠发达的中部地区,还有经济落后的西部地区。如果不高度重视不同地区的经济发展情况、经济的货币化程度、资金的供求状况等宏观调控微观基础方面的客观差异,在发展模式、发展水平和发展阶段存在梯度性差别的不同地区采用同一目标、同一标准、同一措施进行宏观调控,则恐怕难以实现宏观调控政策制定时的初衷。

鉴于上述原因,政府在制定金融宏观调控政策时需要充分考虑各地区的发展差异,根据区域金融的运行情况,采取差异化的金融调控方式与差异化的金融措施,改善目前从表面上看似平等,而实际上并不平等的金融发展外部条件。这样既有利于各个不同区域经济的发展和国家经济整体的进步,也有利于经济发展梯度的最终消除,实现国家范围内的经济均衡发展。

实践中,我国在同一货币政策框架下加大了对落后地区的政策扶持力度。

---

① 刘文婷:《我国金融机构市场退出制度的评析与重构》,天津财经大学2008年硕士学位论文,第30页。

如针对西部大开发、振兴东北工业基地出台的金融优惠政策等。为促进落后地区或特定行业的发展,中国人民银行先后安排了一些指定用途的项目贷款,如老、少、边、穷地区发展经济贷款,少数民族地区发展经济贷款、扶贫贴息贷款、退耕还林(还湖、还草)贷款、支农贷款等,这些贷款在促进区域经济协调发展上发挥了积极作用,但总体而言,这些政策的效果还很有限。实行差异化金融调控仅靠政府政策是无法取得预期效果的,从长计议,差异化金融调控的推行还需要法律制度的保障与支持。

一、构建有利于实施差异化金融调控的法律主体

为了便于差异化金融调控的实施,应该构建相应的权力实施主体。有学者建议,可借鉴二元式中央银行体制,即在一国国内建立中央和地方两级中央银行机构。设在中央的中央银行是最高决策机关,负责金融政策的制定,设在地方的区域中央银行作为独立存在的一级组织,在执行中央银行决策的同时可以自主地组织管理区域内的金融活动,也有其独立的权力。① 美国实行的就是这样的二元制,在国家一级设立联邦储备委员会,相当于中央银行总行;在地方按照经济区设立联邦储备银行,联邦储备银行的权力很大,独立性很强且自行管理,在执行中央银行分行的职能的同时,可以根据所在区域的经济发展水平,出台有差别的货币政策。

应该说这样的体系设置,确实为差异化金融调控的实施提供了更多的可能性与便利。但考虑到我国的具体情况及推行成本,继续保持一元式的中央银行有其合理性,而重建二元式中央银行体制有很大的难度。比较可行的做法是考虑在一元式中央银行制度内部进行制度改良。目前,中国人民银行实行的是“总行—大区分行—中心支行—支行”的四级组织体系,这为实行货币政策的区域操作提供了有利条件。大区分行既熟悉辖区内经济与金融发展具体情况,又具备较强的金融政策制定与执行能力,因此可以考虑增强大区支行自主组织和调控本地金融活动的权力,赋予大区支行区域

① 慕丽杰:《中国区域金融非均衡发展研究》,辽宁大学2009年博士学位论文,第204页。

金融调控权。具体而言,中央银行总行集中行使货币发行权、基准利率调节权、信用总量调控权等权限,在制定金融调控政策时充分考虑地域差别,制定有差别的金融调控政策,这种差别体现为中央银行只就利率、再贴现率、存款准备金率等宏观调控工具的一般水平及浮动范围作出规定,具体的选择权交给大区支行,由大区支行根据自己所在地区的经济发展情况选择具体数值。

二、确立差异化的金融调控策略

直接调控与间接调控,是金融市场常用的两种调控方法。直接调控是指国家直接针对金融市场主体,运用信贷计划、现金计划等方式强制约束其经济活动,使其符合宏观调控目标的调控方式。间接调控则指国家主要运用存款准备金率、再贷款、再贴现等政策工具,通过市场机制调节利益关系,引导金融市场主体作出符合宏观调控目标的决策的一种调控方式。考虑到地区金融发展差异,国家在进行宏观调控时,不宜单单采用哪一种方式,而应根据各地的发展情况,因地制宜地进行直接调控与间接调控的侧重选取。

(一)经济发达地区的东部地区:间接调控为主,直接调控为辅

经济发达地区经济发展的整体水平较高,金融市场的发育相对完善,市场机制较为健全,市场竞争对微观经济主体行为有较强约束力,市场对资金价格具有较高敏感性,对宏观调控的反应灵敏。

在此类经济区域中,政府的职责主要是维护金融安全,为金融发展营造良好的外部环境。金融宏观调控方式选择应以间接调控为主,直接调控为辅,在经济发展过程中,逐步加大间接调控的力度与范围,逐步削弱或放弃直接调控方式,这样既可以充分利用这类地区的经济比较优势,又可以消除以直接调控方式为主而形成的“一刀切”、灵活性差、弹性小等弊端。

(二)经济欠发达地区的中部地区:直接、间接调控并重

经济欠发达地区经济发展水平不高,市场经济发展程度较低,金融市场竞争不充分。金融结构仍延续传统布局,金融市场的发育还不够完善,经济货币

化的程度较低。在这类经济地区，政府肩负着在落后现状下培育金融市场，完善金融体系，加速与发达区域金融一体化的重任。相对落后的现实和加速发展的愿望，两者的共融与反差要求政府在进行金融调控时要两种方式并举，各种工具并用。直接调控的方式可以适应相对落后的现实，间接调控的方式适应更加市场化的未来，二者相互协调，合理结合，可以事半功倍。

（三）经济落后地区的西部地区：直接调控为主，逐步加强间接调控

经济落后地区的市场化程度、经济货币化的程度偏低，对宏观调控的反应缓慢。在这类地区，市场均衡力量过于弱小，区际金融发展趋同趋势不会自动出现。因此，在这一地区，政府的任务相对较重，需要从地区资源禀赋的实际出发进行西部地区的金融机构调整和制度安排。

由其经济发展和金融宏观调控的环境及条件所决定，这一类经济区域的金融宏观调控，应以直接调控为主，可逐步加大间接调控的力度，削弱直接调控的范围。在其区域性金融调控工具与手段的选择及应用上，以直接调控工具与手段为主，辅之以间接调控工具与手段。具体的讲，就是以信贷计划、现金计划为主，辅之以存款准备金、再贴现政策及公开市场业务。选择上述的金融调控方式，运用直接调控工具与手段为主的调控方法，其优点在于防止政策传导过程中产生扭曲，影响货币政策的效果。同时，这一模式还存在见效快、效果直接等优点。[①]

三、差异化的金融调控措施的建立与完善

（一）差异化利率政策的完善

随着我国利率市场化改革的推进，金融机构的贷款利率正逐步显示出一定的差异。经过人民银行1998年、1999年及2004年的金融机构贷款利率浮动幅度的调整，商业银行、城市信用社贷款利率浮动区间扩大到[0.9，1.7]，农村信用社贷款利率浮动区间扩大到[0.9，2]。商业银行、城市信用社在贷款利率的确定上有了更大的自主定价权。出于利益考量，商业银行、城市信

---

① 范祚军：《区域金融调控论》，人民出版社2007年版，第240~242页。

用社在实际进行贷款时,往往会给地处经济发达地区综合实力强的企业以低利率优惠,较少地给予地处欠发达地区或落后地区的企业以利率优惠。长期推行上述差异化利率,只会使地区间金融资源配置差距进一步拉大。从缩小地区间金融资源配置差异的角度出发,我国现行的差异化利率政策有待完善。

为了发展区域经济,特别是落后地区的地区经济,发达国家在区域经济的开发中往往采用有差别的利率政策,各国采用最多的是低利率政策。例如,法国在20世纪80年代初期为了复兴老工业地区经济,提出"再工业化"计划,并且专门设立了"再工业化"贷款基金,以优惠的利率发放贷款。对于直接发放给企业的贷款,通常利率为16%,而这种区域性优惠利率约为10%,对于间接发放的贷款,利率一般为13%~14%。①

借鉴域外经验,可以考虑在地区间实行差别化的利率政策。一方面,提高落后地区商业银行的存款利率,以吸收更多的社会闲置资金,提高存款利率的同时还可以防止中西部地区的资金过度外流;另一方面,在落后地区设置一定的贷款优惠利率,降低企业的融资成本,使其与西部企业的经济效益和承受能力相适应。高存低贷之间的损失可以考虑由国家给予这些地区商业银行税收优惠或国家财政补贴来弥补。

(二)完善已有的差异化存款准备金政策

从2004年4月25日起,我国开始实行差别存款准备金率制度。中国人民银行将资本充足率低于一定水平的金融机构存款准备金率提高0.5个百分点,执行7.5%的存款准备金率,其他金融机构仍执行7%的准备金率,此即差额存款准备金率制度。在我国,由于相当部分金融机构的历史包袱问题尚未解决,难以达到最低资本充足率要求。所以在此情况下,采取差别存款准备金率制度,无疑具有重大意义:一方面,其有利于完善货币政策传导机制,抑制资本充足率不足且资产质量较差的金融机构盲目扩张贷款;另一方面,通过对金融机构区别对待的正向激励机制,有利于调动金融机构主要依靠自身力量健

① 范祚军:《区域金融调控论》,人民出版社2007年版,第228页。

全金融治理结构的积极性,督促金融机构逐步达到资本充足率要求,最终实现调控货币供应总量和降低金融系统风险的双重目标。①

但是此差别非彼差别。我国已经实行的差额存款准备金率制度的实质,是将金融机构适用的存款准备金率与其资本充足率、资产质量状况等指标挂钩,金融机构资本充足率越低,不良贷款比率越高,适用的存款准备金率就越高。反之,金融机构资本充足率越高,不良贷款比率越低,适用的存款准备金率就越低。金融机构的资本充足率、不良贷款比率、内控机制状况、支付能力状况及可能危害支付系统安全的风险情况等作为确定差别准备金率的主要依据。而本书试图建立的差别准备金率制度是设想根据发达地区与欠发达地区基础货币供应量的不同,实行差异化的存款准备金率。差异化的存款准备金率将有助于增加中西部区域的货币供给,缓解当地资金紧缺的现状。

根据区域发展差异实行差别化的存款准备金政策,国际上已经有先例。例如,1937 年美国根据银行所在地区经济发展水平的不同,确定了差别化的存款准备金率。纽约、芝加哥、圣路易斯的国民银行存款储备金率为 26%,其他 16 个较大城市的国民银行存款储备金率为 20%,剩下不发达地区如阿肯色、俄克拉荷马、得克萨斯国民银行存款准备金率为 14%。② 虽然 1945 年以后美国的法定准备金政策变动频繁,但依据银行所在地区不同设置差异化存款准备金的做法却一直保留下来,这种差异性存款准备金率的确定显然有利于落后地区经济的开发,也有利于抑制区域金融发展的不平衡。我国可以借鉴美国的经验,在不同的地区实行有差别的存款准备金率政策。具体而言,"对发达地区的存款准备金率可以规定的相对高一些,欠发达地区可以规定的相对低一些,落后地区最低,甚至考虑对地区性商业银行、农村信用社等地方性金融机构给予更宽松的政策,以便增加欠发达地区与落后地区的基础货

---

① 朱大旗:《金融法》(第 2 版),中国人民大学出版社 2007 年版,第 104 ~ 105 页。

② 张晓霞:《差别存款准备金率制度——我国金融宏观调控中的新探索》,载《武汉金融》2004 年第 7 期。

币供应量,缩小因实行统一存款准备金率导致的货币供应量差异,使存款准备金真正起到调节地区间资金平衡的作用”。[①]

(三)差异化的再贴现政策

美国一直推行差异化的再贴现政策。由于美国实行“双轨制”的金融管理体制,在各个州都设有联邦储备银行,各联邦储备银行可以根据本地区经济的发展水平和金融市场的冷热情况,自行确定差异化的再贴现率,通过调整再贴现率促进区域性投资的增长和区域经济的发展,其差异化的再贴现政策还是很有借鉴意义的。

在我国,再贴现政策也是中国人民银行宏观调控的重要手段。虽然中国人民银行通过再贴现手段投放的基础货币数量逐年增加,但近年来,欠发达地区和落后地区因再贴现获得的货币量却没有明显变化。中国人民银行应充分运用这一手段,实施差异化的再贴现政策,以增加西部地区的可用资金量。

差异化的再贴现政策具体包括以下几层含义:一是针对不同地区规定不同的再贴现率。由于西部地区的经济发展水平和金融市场发育程度较低,使得西部地区的票据业务量低于全国平均水平。为了扩大商业银行的票据业务量,进一步发展西部地区的票据融资,中国人民银行可以对来自西部地区的票据以低于全国平均水平的再贴现率进行再贴现,以增加西部地区商业银行进行票据再贴现的积极性。[②] 二是适度放宽落后地区可贴现票据的种类,放宽再贴现条件扩大票据贴现业务,这有助于发挥资金的导向和结构调节功能。三是可以考虑适当增加欠发达地区中小金融机构的再贴现限额。

(四)差异化的再贷款政策

中央银行再贷款是指中央银行对金融机构发放的贷款,是中央银行调控基础货币的重要渠道和进行金融调控的传统政策工具,习惯上称为再贷款。一般来讲,中央银行贷款增加,是银根有所放松的信号之一,反之则是银根紧

① 范祚军、洪菲:《统一货币政策框架下区域性金融调控机制构想——基于广西的实证分析》,载《经济科学》2005 年第 2 期。

② 范祚军:《区域金融调控论》,人民出版社 2007 年版,第 257 页。

缩的信号。再贷款在中国人民银行的资产中占有很大的比重,是我国基础货币吞吐的主要渠道和调节贷款流向的主要手段。由于地区间经济发展不平衡,区域间再贷款分布差异较大,再贷款的政策效应在不同地区也呈现出不同的特点。例如,经济欠发达地区由于受区域经济环境的影响,金融机构筹集资金的能力较弱,对中国人民银行各类再贷款依赖性较大,中国人民银行投入再贷款对推动当地经济结构调整,满足“三农”资金需要,改善金融机构经营状况,化解辖区金融风险,促进地方经济发展都发挥了积极的作用,但经济发达地区金融机构吸纳资金的能力较强,对再贷款的需求不旺,再贷款政策效应在这些地区表现得不明显。实施差异化的再贷款政策意指中国人民银行可以适当扩大欠发达地区、落后地区的再贷款数量,增加再贷款品种,降低再贷款率,适当延长再贷款期限,以此优化金融资源的区域配置。

(五)差异化的公开市场操作

欠发达地区的经济水平偏低,信贷环境差,信贷风险大,银行性金融机构普遍都有“惜贷”倾向。表现在资金投向上,金融机构往往不热衷于增加贷款数量,扩大贷款规模,而是更愿意将资金上存或购买债券。这样一来,欠发达地区金融机构持有的各种债券在存量资产结构中所占的比例就会相对较高。这为推行差异化的公开市场操作提供了基础和可能。差异化的公开市场操作,具体是指当中央银行在公开市场上大量收购债券时,在同等条件下应考虑优先购买欠发达地区机构持有的国债、金融债券等,这样欠发达地区就会融入较多的基础货币。相反,中央银行在公开市场大量卖出金融债券实施紧缩性政策操作时,在同等条件下应考虑将债券优先卖给发达地区,以减少欠发达地区的货币外流,增加欠发达地区的基础货币量。

需要指出的是为实现金融资源区域配置的均衡与公平,确实有必要建立差异化的金融调控法律制度,但上述制度的建设要保持适度。差异化金融调控制度是对我国统一宏观调控制度的改良,而不是否认。区域金融机构必须充分贯彻和执行国家的经济政策,不得过分强调本地区特点而不顾国家利益。

第四节 扶持性金融资源配置立法的构建与完善

一、结合“新非公36条”与《温州市金融综合改革试验区总体方案》制定民间资本进入金融领域的实施细则，扶持非国有金融的发展

“新非公36条”允许民间资本进入金融领域，2012年3月28日经国务院审批的《温州市金融综合改革试验区总体方案》，也强调鼓励和支持民间资金参与地方金融机构改革，依法发起设立或参股村镇银行、贷款公司、农村资金互助社等新型金融组织，符合条件的小额贷款公司可改制为村镇银行。可在具体操作层面推行起来却比较困难，其中的一个重要原因在于，“新非公36条”与《温州市金融综合改革试验区总体方案》更多的是一个非操作层面的政策，不具有强制执行力，在放开或者贯彻落实民间资本的市场准入方面，缺乏切实可靠的具体实施细则。

举例而言，按照2007年颁布的《村镇银行管理暂行规定》，村镇银行最大股东或唯一股东必须是银行业金融机构。最大银行业金融机构股东持股比例不得低于村镇银行股本总额的20%，①这项主发起银行制度的设计初衷，是利用主发起银行相对成熟的运作模式、治理机制、管理经验，来推进村镇银行专业、稳健地经营，但实际推行过程中却产生了不少负面作用和消极影响。村镇银行最大股东或唯一股东必须是银行业金融机构的规定，无形中将民间资本排斥在外，只要没有银行做发起人，任凭民间资本“依本多情”，也只能“持币兴叹”。与民间对投资村镇银行热情高涨形成对比的是一些银行通常对投资设立村镇银行态度消极，无甚兴趣。这样就形成了一个悖论，即有资格的银行没兴趣，有兴趣的民间资本又没资格。因此，有些学者提出在加强监管的基础上，应该允许民间资本控制村镇银行。② “新非公36条”采纳了这样的意见，

---

① 参见《村镇银行管理暂行规定》第25条。

② 王镇江：《应允许民间资本控股村镇银行》，载《21世纪经济报道》2008年5月4日，第11版。

其第18项规定:"在加强有效监管、促进规范经营、防范金融风险的前提下,国家放宽村镇银行中法人银行最低出资比例的限制。"但什么条件下可以放宽,可以放宽的具体比例是多少,"新非公36条"并没有明示,这直接导致实践中"新非公36条""无法具体实施,形同虚设。虽然'新非公36条'明确提出鼓励民间资本发起或参与设立村镇银行、贷款公司、农村资金互助社等金融机构,但目前金融机构仍执行2008年的规定,即村镇银行发起必须由商业银行作为控股股东"。①

欲使鼓励民间资本进入金融领域的"新非公36条"与《温州市金融综合改革试验区总体方案》真正起到预期作用,必须设法出台配套的政策、法规或者修改现行的法律法规与之配合,使"新非公36条"与《温州市金融综合改革试验区总体方案》中提到的鼓励措施,有具体的落实办法。因此,接下来的任务就是结合"新非公36条"修改和完善现有法规,制定民间资本进入金融领域的实施细则。在具体制度的设计安排上,需要明确不同类型金融机构民间资本入股或控股的出资比例要求、出资方式、民间资本,可以进入的金融机构的业务范围、放贷资金来源;明确监管主体、②监管手段、监管要求。此外,还要明确民间资本进入金融领域后的责任追究和免责制度,明确民间资本参与的金融机构的市场退出制度,以便在促进民间资本发展的同时保护债权人的利益,维护金融稳定。

二、提高农村新型金融机构立法层级,扶持农村金融的发展

(一)金融机构的多元化与新型农村金融机构的设立

我国通过金融法律、法规确认的金融机构类型,大体可以分为银行类金融机构与非银行类金融机构两大类。银行类金融机构主要包括商业银行和政策

① 李春晖:《"非公36条"因何难落地》,载《网易解读透视转型时期的中国》第302期,载网易财经频道:http://money.163.com/special/focus302/,最后访问日期:2011年9月5日。

② 从目前小额贷款公司的监管来看,监管主体较为模糊,是以各地政府部门的金融办作为监管的主要部门,而金融办作为政府的职能部门,相关知识和业务能力与监管任务明显不匹配,在具体的实施中存在一定的难度。

性银行,非银行类金融机构主要有城市信用合作社、农村信用合作社、邮政储蓄机构、金融资产管理公司、信托投资公司、财务公司、金融租赁公司、保险公司、证券期货经营机构。在银行类金融机构中,国有商业银行占有绝对优势,是金融资源的主要掌控者和配置者,服务对象主要是国有经济体。金融资产管理公司、信托投资公司、财务公司、金融租赁公司、保险公司、证券期货经营机构明显主要服务于城市中的特定群体。这样的金融机构体系设计存在一个明显的欠缺,就是缺少专门为农村群体提供融资服务的金融机构,不利于金融资源的均衡配置。

金融机构体系的设计应该考虑到经济实践、社会结构的要求,中国经济主体所有制结构和业务形态的多元化以及城乡的二元结构对金融结构的设计提出了多元化的要求。随着中国经济改革的不断推进和经济主体日益多元化,各种不同所有制形式、不同业务形态的经济主体不断涌现,同时城乡二元发展的结构短时期内难以打破。城乡金融需求者、各种所有制、各种类型的金融需求者共存,他们的金融需求存在巨大差异,需要相应的具有差异性的金融机构为他们提供服务。而且随着经济主体的自主性的增强,每一个主体对金融的需求也会多元化,要求有各种各样的金融机构为其提供服务。[①] 金融需求的多样性和多层次性,必然要求金融机构类型的多元化。

为使各类主体都能获得相应的金融服务,有必要推动金融机构类型的多元化。金融机构的多元化意味着在原有的国有银行为主的结构之外,要安排更多新的产权形式和组织形式。这些新的机构和原有的金融机构之间的竞争、谈判和利益冲突有利于促进整个金融体系效率的提高,进而通过竞争的力量推动中国金融改革的前行。这些新的金融机构应定位于弥补现有金融体系结构的缺陷,为现有体系忽略的群体——农户家庭及个人提供金融服务。

近年来,我国农村经济发展对农村金融机构类型的多元化和专门化有强烈的需求,我国的金融监管者也充分认识到了现有金融机构类型设计的

① 吴晓求、赵锡军、瞿强等:《市场主导与银行主导——金融体系在中国的一种比较研究》,中国人民大学出版社2006年版,第55页。

缺陷,开始专门设计为农村经济服务的农村新型金融机构,并鼓励民间资本参与设立。

(二)现有法律规定的漏弊

2006年12月中国银行业监管委员会发布《关于调整放宽农村地区银行业金融机构准入政策,更好支持社会主义新农村建设的若干意见》,鼓励各类资本(包括境内外银行资本、产业资本、民间资本)设立主要为当地农户提供金融服务的村镇银行、贷款公司和资金互助合作社,[①]首批选择在四川、内蒙古、甘肃、青海、吉林和湖北六省(自治区)进行试点。2007年10月初,经国务院批准,银监会扩大调整放宽农村地区银行业金融机构准入政策试点范围,将试点省份进一步扩大到全部的31个省市区。2008年5月中国银行业监督管理委员会、中国人民银行发布《关于小额贷款公司试点的指导意见》,该意见指出,为有效配置金融资源,引导资金流向农村和欠发达地区,改善农村地区金融服务,支持社会主义新农村建设,允许自然人、企业法人与其他社会组织投资设立以促进农业、农民和农村经济发展为目的的小额贷款公司。[②] 以村镇银行、贷款公司、资金互助合作社、小额贷款公司为表现形式的农村新型金融机构在我国如火如荼地建设起来。

根据银监会的统计资料,截至2011年第一季度末,全国共组建了新型农村金融机构552家,其中开业448家,筹建104家。在已开业的新型农村金融机构中,村镇银行有400家,占89%;贷款公司9家,占2%;农村资金互助社

---

① 《村镇银行管理暂行规定》第2条规定:"村镇银行是指经中国银行业监督管理委员会依据有关法律、法规批准,由境内外金融机构、境内非金融机构企业法人、境内自然人出资,在农村地区设立的主要为当地农民、农业和农村经济发展提供金融服务的银行业金融机构。"《贷款公司管理暂行规定》第2条规定:"贷款公司是指经中国银行业监督管理委员会依据有关法律、法规批准,由境内商业银行或农村合作银行在农村地区设立的专门为县域农民、农业和农村经济发展提供贷款服务的非银行业金融机构。"《农村资金互助社管理暂行规定》第2条规定:"农村资金互助社是指经银行业监督管理机构批准,由乡(镇)、行政村农民和农村小企业自愿入股组成,为社员提供存款、贷款、结算等业务的社区互助性银行业金融机构。"

② 根据《关于小额贷款公司试点的指导意见》的规定,小额贷款公司是由自然人、企业法人与其他社会组织投资设立,不吸收公众存款,经营小额贷款业务的有限责任公司或股份有限公司。

39 家，占 9%。[①] 新型金融机构的建设初见成效，但这不仅与监管当局当初的设想有一定差距，[②]也与实践中的需要相差甚远。[③]

（三）适度提高农村新型金融机构立法层级

沉疴已久，原因杂陈，问题的解决不可能毕其功于一役。从市场准入的角度分析，目前确立农村新型金融机构市场准入的法律文件效力层级太低。目前规范新型金融机构的规范性文件，主要是《村镇银行管理暂行规定》《村镇银行组建审批工作指引》《贷款公司管理暂行规定》《贷款公司组建审批工作指引》《农村资金互助社管理暂行规定》《农村资金互助社组建审批工作指引》《关于小额贷款公司试点的指导意见》，制定者是中国人民银行和中国银行业监督管理委员会，在法律性质上属于行政规章，是部门一级的规范文件，其法律位阶和效力较低。从名称就可以看出，围绕农村新型金融机构的立法带有试探性和阶段性。从颁布时间上来看，2006 年 12 月 20 日颁布了《关于调整放宽农村地区银行业金融机构准入政策，更好支持社会主义新农村建设的若干意见》。为了贯彻这个指导意见的主要意图，2007 年 1 月 22 日又颁布了《村镇银行管理暂行规定》，两者时间仅间隔 33 天，表现出较强的应急性。这些因素，决定了农村新型金融机构市场准入的法律体系不健全，也直接导致了农村新型金融机构的法律地位是不稳定的。因此，有些潜在投资人出于稳定性的担忧，一直在观望，不愿投资，这在一定程度上导致了农村新型金融机构的数量增长缓慢。要改变这种现状，可以考虑条件成熟时适度提高农村新型金融机构相关立法层级，以完善市场准入的法律体系，使新型金融机构的法律

---

① 资料来源：中国人民银行官方网站：www. pbc. gov. cn。

② 2009 年 7 月，银监会研究制定了《新型农村金融机构 2009～2011 年总体工作安排》。根据银监会的设想，到 2011 年年末，将在全国计划设立 1293 家新型农村金融机构，其中，村镇银行 1027 家，贷款公司 106 家，农村资金互助社 161 家。

③ 据中国银监会统计，截至 2009 年 6 月末，全国有 2945 个乡镇没有金融机构营业网点，属于金融服务空白地区。笔者没找到 2011 年的金融服务空白地区数量统计资料，但根据上文 2011 年年底已有的 552 家新型农村金融机构推算，全国的金融服务空白地区数量仍然相当可观。因为不少村镇银行设在营业环境较好、商贸较为发达地区，例如，汇丰银行持股的村镇银行设在随州市区内，广东中山小榄村镇银行的设立地小榄镇是一个工商业十分发达地区，四川仪陇惠民村镇银行的设立地在仪陇县城金城镇，这些都不属于金融服务空白地区。

地位更加稳固，给予潜在的投资人以稳定的预期，便于多种金融机构并存、功能互补、协调运转机制的建立。

三、完善保护弱势群体信贷权的相关立法

为了防止农村、西部的金融资源过度外流，保障弱势群体信贷权的实现，2009 年《中共中央、国务院关于 2009 年促进农业稳定发展农民持续增收的若干意见》(中央 1 号文件)特别指出，“抓紧制定鼓励县域内银行业金融机构新吸收的存款主要用于当地发放贷款的实施办法，建立独立考核机制”。为了落实中央精神，中国人民银行、中国银行业监督管理委员会于 2010 年 9 月联合制定出台了《关于鼓励县域法人金融机构将新增存款一定比例用于当地贷款的考核办法(试行)》[以下简称《考核办法(试行)》]，鼓励县域法人金融机构将新增存款主要用于当地发放贷款，增加县域信贷资金投入，改善农村金融服务。《考核办法(试行)》共 5 章、24 条，分别规定了县域法人金融机构将新增存款一定比例用于当地贷款的考核标准、激励政策和考核管理。

《考核办法(试行)》鼓励县域法人金融机构将吸收的存款再发放给当地的金融需求者，这有益于当地金融资源的积累与留存，为弱势群体信贷权的实现创造了基本前提条件，是我国纠正金融资源配置严重失衡的有益尝试。但《考核办法(试行)》还处于探索阶段，无论是形式还是内容都有待进一步完善。

(一)借鉴 CRA，扩大《考核办法(试行)》的适用范围，根据金融机构的规模不同确定差异化的考核内容

《考核办法(试行)》将适用范围圈定在县域法人金融机构。与 CRA 相比，《考核办法(试行)》的适用范围明显偏窄。CRA 的适用对象主要是美国政府金融安全网的受益机构，即参加了联邦存款保险的存款机构，包括国民银行、储贷机构、州立特许商业银行和储蓄银行。其中，不仅有地方性的金融机构，也有全国性的金融机构。义务主体多样带来了社区金融需求者权利实现的更多可能性，我国义务主体设定的单一必将减少弱势群体信贷权实现的可能。在《考核办法(试行)》的推行积累起一定的经验后，可以考虑扩大再投资

义务的主体范围。

《考核办法(试行)》规定,县域金融机构不管规模大小,实行统一的检查标准,即县域法人金融机构中可贷资金与当地贷款同时增加,且年度新增当地贷款占年度新增可贷资金比例大于70%(含)的,或可贷资金减少而当地贷款增加的,考核为达标县域法人金融机构。[①] 在扩大《考核办法(试行)》的适用范围后,可考虑根据金融机构的规模不同,实行不同的考核标准。CRA 提供了一个值得借鉴的做法。

CRA 考虑到不同的资产规模,将考核测评对象分为大型金融机构、中小型金融机构和小型金融机构三种类型,对于不同类型的金融机构实施不同的考核标准。[②] 大型金融机构的考核测评主要体现在贷款(lending test)、投资(investment test)、服务(service test)三个方面。投资的具体考核指标,包括合格投资的金额、合规投资对地区开发及其信贷需求的满足程度等。金融服务的具体考核指标,包括设立和关闭分支机构的情况、所提供服务的可用性及有效性以及分支机构在不同收入地域范围的分布状况。其中,贷款占据了较大分量,其权重为50%,社区投资权重为25%,服务权重为25%。对于这类大型机构,CRA 特别强调考核准则的标准化和客观化。"中小型机构的检查内容包括两部分:一是贷款测试,主要考核其存贷比、贷款的区域分布、考核范围内的贷款与整个贷款占比、对各个收入阶层和不同规模企业及农场提供贷款的记录、对消费者书面投诉所采取的措施;二是社区开发测试(community development test),包括社区开发贷款及投资的数量和金额、所提供的社区开发服务范围、社区开发项目对社区开发需求和机会的满足程度。小型机构的检查内容只有贷款测试一项。"[③]CRA 根据金融机构规模不同采取差异化考核

① 参见《关于鼓励县域法人金融机构将新增存款一定比例用于当地贷款的考核办法(试行)》第5条。

② See FED,"Annual CRA Asset-size Threshold Adjustments for Small and Intermediate Small Institutions", Accessed 12, 22th, 2009. http://www.federalreserve.gov/newsevents/press/bcreg/20091222c.htm.

③ 孙天琦、杨岚、袁静文:《美国的社区再投资法及其对中国欠发达地区的启示》,载《西安交通大学学报》(社会科学版)2011年第4期。

的依据在于规模不同的银行，守法成本是不同的。“一般来说，银行规模越大，按资产百分比计算的满足监管要求的守法成本越低，即守法成本具有规模经济特性。对于资产规模较小的银行而言，在对其提出社区再投资约束时，若采用与大型银行同样的标准，则此类银行将遭受极其沉重的负担。”①这一经验对于我国的借鉴意义，在于我国金融监管机构在实施社区再投资规范时，应考虑到不同规模银行的差异性，根据银行规模的差异确定不同的监管标准，避免资产规模较小银行承担与大中型金融机构同样成本现象的发生。

（二）引入公众参与，对不遵守《考核办法（试行）》的机构进行惩戒

《考核办法（试行）》规定了激励政策，达标县域法人金融机构在缴纳存款准备金、申请再贷款、申请新设分支机构和开办新业务方面，享有一定的政策优惠。存款准备金率按低于同类金融机构正常标准 1 个百分点执行；申请再贷款时，可按其新增贷款的一定比例申请再贷款，并享受优惠利率；新设分支机构和开办新业务的申请会获得监管部门的优先批准。

虽然《考核办法（试行）》能给达标的县域法人金融机构以正向激励，但由于没有规定法律责任，没有规定对不达标机构的法律惩戒，对未达标的金融机构明显缺乏威慑力。考虑到《考核办法（试行）》的目的是加大县域信贷资金投入，改善农村金融服务，本身是一个鼓励性而非强制性的规定，因此，直接规定惩罚性的法律责任会加重县域法人金融机构的负担。为增加其威慑力，可以考虑借鉴法案的执行方法——引入公众力量促进法律实施。②

根据 CRA，社区再投资义务的监管机构主要有 4 个，分别是美联储（the Federal Reserve Board），其监管对象为加入美联储的州立银行和银行控股公司；联邦存款保险公司（the Federal Deposit Insurance Corporation），其监管对象为加入承保，但未加入美联储的州银行和储蓄机构；货币监理署（the Office of the Comptroller of the Currency），其监管对象为国民银行；储贷机构监理署

---

① 严谷军：《中低收入社区与信贷支持——〈美国社区再投资法案〉经验借鉴》，载《新金融》2008 年第 8 期。

② See Ardalan, Kavous, "Community Reinvestment Act: Review of Empirical Evidence", *Academy of Banking Studies Journal*, 2006. Vol. 5, No. 1, 25 – 42.

(the Office of Thrift Supervision),其监管对象为国家特许的银行和储蓄机构;联邦金融机构检查委员会(the Federal Financial Institutions Examination Council),协调上述4个监管机构之间的CRA信息。监管机构对被监管的银行和储蓄机构进行定期评级考核,给出考核结果,考核结果分为成绩突出(Outstanding)、满意(Satisfactory)、需要改进(Needs to Improve)、实质性的未适用(Substantial Noncompliance)4个等级。① 监管机构会向公众公布评级结果,社会公众通过使用CRA检查结果、公开的放贷数据[如《住房抵押贷款披露法》(HMDA)数据]以及通过对某个机构的业绩与CRA签订的合约内容相比较等方法,监督金融机构CRA义务的履行,如实履行CRA义务的机构将获得较高的公众评价,并因此获得更多的公众存款。

在监管机构之外引入社会公众的监督,加大了那些漠视CRA义务之机构的声誉风险,既补充了监管机构的考核,有力地促进了监管执法,同时也较好地解决了约束尺度问题,是使《考核办法(试行)》兼具鼓励性与惩戒性的可行方法。

需要特别强调的是,虽然我们强调县域金融机构应当将一定比例的资金投放到资金来源地,但这一制度的推行绝不能演变为粗暴僵硬的行政干预。仅在县域吸收资金而基本不投放贷款是有违经济规律的,但要求县域金融机构将存款完全投放在县域也是有违经济规律的,因此,制度的推行必须在二者之间找到一个均衡点,不可走极端。

---

① 成绩突出(Outstanding)——银行金融机构在其评估地区的信贷行为完全符合CRA的目的,没有排除中低收入社区和居民的信贷需求。满意(Satisfactory)——银行金融机构在其评估地区的信贷行为基本符合CRA的目的,制定的指导方针积极地考虑了中低收入社区和居民的信贷需求,其信贷行为没有排除中低收入社区和居民的信贷需求。需要改进(Needs to Improve)——银行金融机构对其评估地区的设定不符合CRA的目的,需要进行一些修改,而其信贷行为有一部分排除了对中低收入社区和居民的信贷需求,在满足中低收入社区和居民的信贷需求和提供投资、服务方面的记录较差。实质性的未适用(Substantial Noncompliance)——银行金融机构对其评估地区的限定不合理,银行的管理层和董事会成员很少考虑社区和居民的需求。没有可以落实的对中低收入社区和居民进行贷款的指导方针,很少跟社区组织联系,其信贷行为实质性的排除了中低收入社区和居民的信贷需求。

四、加快进行政策性金融立法

政策性金融与商业性金融在地位上是平行并列的，在业务上是相互补充的。世界上近200个国家和经济体的金融机构，都是由商业性金融机构（包括商业性银行和商业性非银行金融机构）和政策性金融机构（包括政策性银行机构和政策性非银行机构）两大类所组成。各国立法当局也是严格将金融类法规分为针对商业性金融的一般银行法、证券法、保险法及期货法，以及针对政策性金融的单一的特殊的开发银行法、农业发展银行法、进出口银行法、住房银行法、中小企业政策性银行法、社会保障保险法以及出口信用担保保险法等两类。相比之下，我国的商业性金融机构的立法相对健全，而政策性金融的专门立法相对滞后，这直接影响了政策性金融机构功能的发挥。结合世界各国及地区，特别是西方发达国家的政策性金融立法经验，我国应尽快进行政策性金融的立法。

（一）立法者应正视政策性金融的迫切立法需求

世界各国尤其是市场经济相对发达的国家，历来都很重视政策性金融的法制化，一般都针对政策性金融机构进行专门的立法。例如，日本针对各类型政策性金融机构进行了专门立法，德国专门为复兴信贷银行制定了德国《复兴信贷银行法》。[①] 这些专门立法为政策性金融机构的业务开展提供了法律依据和有力保障，使政策性金融机构既能有一定的自主权，又不会失去规范约束，便利其与商业性金融机构间建立起良好的业务合作与互补关系。反观我国，我国规范商业性金融机构的法律，门类齐全，既有规范银行类金融机构的《商业银行法》，又有规范非银行类金融机构的《保险法》《证券法》《农村信用合作社管理规定》《企业集团财务公司管理办法》《金融资产管理公司条例》《汽车金融公司管理办法》《典当管理办法》等法律、法规、规章，但规范政策性金融机构的法律却付之阙如，这与政策性金融在经济发展中不可或缺、不可替

① 白钦先、刘刚、郭翠荣编著：《各国金融体制比较》（第2版），中国金融出版社2008年版，第314页。

代的法律地位是不相称的。政策性金融立法的缺失，使金融机构的组建与业务活动开展缺乏必要的法律依据，处理政策性金融机构与商业性金融机构业务关系缺乏基本的规范，国家对政策性金融机构的监督和管理无法可依。政策性金融的重要地位，已经提出了尽快进行相应立法的迫切要求，立法者应该重视政策性金融的立法工作，将政策性金融立法建设与商业性金融立法建设置于同等重要的地位。

（二）针对政策性金融机构进行单独立法

通常，各商业性金融机构不论在外部环境还是在内部管理方面都有很强的同质性或相似性，因此可以用一部《商业银行法》来加以规范。而世界各国的政策性金融机构立法却表现出不同于商业银行立法的风格。因融资专业领域细分而形成的种类繁多的政策性金融机构在组织形式、框架结构、运行机制、业务活动、管理制度、构造方式、发展战略、运行环境、总体效应等方面都有较大差异，因而各国往往针对不同的政策性金融机构进行分别立法，并且一般采用效力等级相对较高的法律形式而非法规或规章的形式，同一类型的政策性金融机构由一部法律来规范，作为其设立和运作的法律依据。这些政策性金融机构法律大都以其所调整的政策性金融机构的名称来命名，例如，调整美国农产品信贷公司法律关系的是《农产品信贷公司特许法》，调整日本政策投资银行法律行为与关系的是日本《政策性投资银行法》，调整日本国际协力银行法律关系的立法是日本《国际协力银行法》，调整日本农林渔业金融公库法律行为与关系的是日本《农林渔业金融公库法》等。① 据此，根据“一行(类)一法”的国际立法惯例，我国亦分别制定与实施《中国国家开发银行法》《中国农业发展银行法》《中国进出口银行法》等，确保政策性银行的运行有法可依。

（三）明确政策性金融机构立法的主要内容

从国外政策性金融机构的已有立法来看，其内容主要涉及政策性金融机构的组织结构规范与业务运行规范。例如，日本《政策投资银行法》明确规定

---

① 白钦先、刘刚、郭翠荣编著：《各国金融体制比较》(第2版)，中国金融出版社2008年版，第315页。

了政策性银行的法律地位——“日本政策投资银行是一个法人”,这使银行能够按照法人的框架进行业务操作,在保证财务稳健的前提下自主决策、自主经营。在经营范围和经营原则上明确指出,“银行所从事的发放贷款、担保债务、购买公司债券、应政府要求取得资产要求权或进行投资等业务,只有在确认它们能产生利润以保证能够有投资回报的情况下,才能进行”。这表明政府可以向日本政策投资银行推荐项目,但须经日本政策投资银行审查判断,如果项目不能偿还贷款,可以不予承贷。政府要尊重政策性银行的经营自主权和独立性,这样的规定基本排除了政府的非理性经济行为对政策银行经营决策的干预。①

鉴于此,我国政策性金融机构的立法的主要内容可分为两个方面:一是对政策性金融机构的组织结构安排,如法律地位、法律性质、职责权限、组织形式、内部机构设置、人事安排、机构变更、终止的条件与程序、权力与义务、法律责任与处罚、监督机制等作出规定;二是对政策性金融机构的业务运作规范的规定,具体涉及业务范围、资产与负债业务、经营原则、财务与会计、外部关系等问题。二者的有机结合基本上可以涵盖政策性金融机构运行所涉的主要问题。

(四)完善政策性金融机构的监管

由于政策性金融机构的政策“天性”,政策性金融机构天然与政府相关职能部门如财政部、中央银行、政府主管部门等具有密切的联系。政策性金融机构既有一定的相对独立性也有较强的专业性,并有特定的支持对象和领域,而政府有关部门作为相关行业领域经济与社会发展计划的制定者和组织管理者,可以为政策性金融机构融资规模的确定、融资项目的选择、项目支持的方式、贷款利率的确定、资金往来协调等业务活动提供指导、协调、制约和支持。这种天然的密切联系,使各国通常将政府的相关职能部门作为政策性金融机构的监管者。

---

① 白钦先、耿立新:《日本近150年政策性金融的发展演变与特征》,载《日本研究》2005年第3期。

但对于政府相关职能部门中的何者作为监管机构,各国有不同的立法例。韩国将多个政府职能部门作为监管机构。例如,韩国产业银行的监督分别由4个部门进行:财政经济部负责依据韩国《产业银行法》对该行进行全面监督,并可以根据监督工作的需要发布管理条例;金融监管委员会对该银行进行监督;审计监察委员会负责监察会计清算以及任何业务计划中的违法行为;国会则负责例行年度检查。韩国《产业银行法》规定,在每一个财政年度结束后的4个月内,银行应向国会提交年报,概述其经营管理情况和政府的主要产业政策,并分析每年的工业融资活动。法国政策性金融机构的监管部门也是多个机关。例如,法国农业信贷银行接受农业部、经济与财政部的双重指导和监督,该行虽需向法兰西银行缴纳准备金,但不在法兰西银行直接管理之列。与韩国、德国的多元监管不同,德国的政策性金融机构的监管机构是唯一的。虽然德国是最早建立金融综合监管机构的国家,联邦银行监管局实际上是一个综合性金融监管当局,但德国复兴信贷银行等政策性金融机构不属于其监管之列,而是依据独立的法律由政府职能部门监督制约其行为。德国《复兴信贷银行法》第十二章规定,该银行由联邦政府指定财政部门进行监督。①

从以上各国的立法例来看,不管监管机构是多元的还是单一的,一个共同特点就是都不将中央银行作为政策性金融机构的监管机构。因为中央银行的主要职能是制定和执行货币政策,其金融监管的重点是商业性金融机构,政策性金融机构与商业性金融机构有着本质区别,两者无论在资金来源、资金运用方面,还是在经营管理方面都存在较大的差别。基于此,二者不宜划归同一监管机构。

合适的做法,是由财政部对政策性金融机构进行监管。由财政部监管政策性金融机构有利于建立稳定的资本金补充制度和贷款利息补贴制度,有助于提高政策性资金的使用效率。政策性金融机构的运营资金主要来自

---

① 白钦先、刘刚、郭翠荣编著:《各国金融体制比较》(第2版),中国金融出版社2008年版,第318~325页。

政府投资,当政策性金融机构出现政策性亏损时,财政应给予补偿,这样才能维持政策性金融机构的正常运转。将财政部作为政策性金融机构的监管机构,可以使政策性金融机构更加迅速地获取资金,增强其抵抗风险的能力。

结　语

通过对各地区、各行业金融数据的梳理，本书认为，目前我国的金融资源配置在城市与农村、东部与中西部地区、国有与非国有经济体之间存在明显的不均衡。这种不均衡具体表现在基础性金融资源、机构性金融资源与金融工具等几个层面。过度的金融资源资源配置不均衡导致了国家经济社会发展差距的逐渐拉大、国民收入水平差距的扩大和非正规金融在体制外的“疯长”，金融资源的过度集中已经使我国社会财富分配和经济发展的两极分化趋势日益加剧，事实上损害了社会公平。

中国的金融资源配置不公的原因是多样的，既有金融市场的失灵，也有金融制度设计的偏差。一方面，我国是一个幅员辽阔的大国，城市与农村、东部与中西部地区的地缘条件、资源禀赋、市场经济发展程度等存在较大差别，在资本逐利本性的驱使下，单纯依靠市场配置金融资源，必然导致更多的金融资源流向剩余价值产出率更高的地区，金融资源配置差异的产生由此不可避免。另一方面，国家为了实现优先发展国有经济体的目的，通过金融监管法律制度中的市场准入门槛，将大部分的民间资本阻拦在金融市场之外，以便保证国有金融在金融体系中的垄断地位，进而通过国有金融机构向国有经济体提供金融支持。同时，国家统一金融调控法律制度与不够完善甚至是缺失的扶持性金融资源配置立法，也在一定程度上加剧了中国的金融资源配置不公。

应当说，中国的金融资源配置不公除来自上述原因外，还受制于包括经济增长方式、金融企业产权制度、政府职能定位、社会信用环境因素在内的金融生态环境。[①] 举凡粗放型经济增长方式、金融企业产权制度改革滞后、计划与行政的不当干预、各类有悖于金融规律的政策性安排、社会信用环境差等，都可能对金融资源的公平配置带来或强或弱的影响。

严峻的现实要求我们，必须对现有的金融法律制度进行检视与改革，使它能在金融资源配置过程中矫正市场配置的缺陷，使它能给予政府作用合理的定位，使它可以规范政府的资源配置行为，最终改善金融资源争夺中弱势行业、群体、地区的生存状态，消减现有资源配置失衡带来的负面效应，让更多的人分享金融发展的成果，实现金融公平，进而促进经济增长与社会公平的统一。

中国金融资源公平配置的最终实现，依赖于两个层面的努力：

一是法律层面上，更新金融法的基本价值观念。传统金融法的“金融安全与金融效率兼顾”的二元价值观对解决中国金融实践中愈演愈烈的金融资源配置不公问题无能为力。为了解决实际问题，有必要先进行金融价值理念的更新，即采“金融安全、金融效率与金融公平”的三元价值观。金融资源配置公平是金融公平的重要组成部分。进而，在金融资源配置公平这一金融法基本价值的指导下进行一系列法律制度的构建，具体而言，包括构建公平包容的金融监管制度、差异化的金融调控制度及进行扶持性金融资源配置的立法。

---

① 金融生态环境是各种金融组织为了生存和发展，与其生存环境之间及内部金融组织相互之间在长期的密切联系和相互作用过程中，通过分工、合作所形成的具有一定结构特征，执行一定功能作用的动态平衡系统。金融生态环境将生态的概念引申到金融领域，并强调用生态学的方法分析金融发展问题。参见张瑞萍：《论西部地区金融生态环境的优化》，载《甘肃金融》2011年第3期。

构建公平包容的金融监管制度及进行扶持性金融资源配置立法的目的是通过立法给予民间资本平等地进入金融领域的机会，扶持农村金融的发展，不再给予国有金融机构过度的法律保护，这对缓解城乡间、不同所有制经济体间的金融资源配置不公将大有裨益。改良统一的金融调控制度的目的是通过实施差异化的金融调控方式与差异化的金融措施实现我国不同地区之间金融资源配置的实质公平。

二是加强金融生态环境的建设。与市场经济体制改革前相比，我国的金融生态环境已经发生了根本变化，但相对于金融业的均衡可持续发展，我国的金融生态环境建设还有以下很多工作要做：进一步转换政府职能，营造宽松自由的政策环境；加快征信管理体系的建设，改善社会信用环境；进一步推进金融企业的产权改革，促进金融的多元化发展等；一系列经济社会体制性和机制性的深层次改革仍需推进。本书对第一个层面的问题进行了尝试性的研究，但学识所限，很多地方总有深度不够之感。第二个层面的问题和金融资源的公平配置紧密相关，但篇幅所限，本书没有进行仔细探讨，有待以后进行深入研究。

实现金融资源的公平配置，不仅有助于实现金融业的可持续发展和包容性增长，而且是整个社会经济良性发展必不可少的条件之一。金融资源的公平配置，不仅是一项很有理论意义的研究课题，更是我国经济发展过程中必须直面与解决的实际问题。任重而道远，远非一朝一夕之功。学识精力所限，本书的研究粗陋之处颇多，请各位专家学者不吝赐教。

主要参考文献

一、中文著作类参考文献

1. [英]莱昂内尔·罗宾斯:《经济科学的性质和意义》,朱泱译,商务印书馆 2009 年版。

2. [英]凯恩斯:《就业利息和货币通论》,金碚、张世贤译,经济管理出版社 2012 年版。

3. [美]约翰·G. 格利、爱德华·肖:《金融理论中的货币》,贝多广译,上海三联书店 2006 年版。

4. [美]罗纳德·I. 麦金农:《麦金农经济学文集》,李瑶译,中国金融出版社 2006 年版。

5. [美]罗纳德·I. 麦金农:《经济市场化的次序——向市场经济过渡时期的金融控制》,周庭煜、尹翔硕、陈中亚译,格致出版社 2014 年版。

6. [美]爱德华·肖:《经济发展中的金融深化》,邵伏军、许晓明、宋先平译,格致出版社 2015 年版。

7. [日]谷内满:《日本经济:演进与超越》,杨林生、王婷译,江苏人民出版社 2016 年版。

8. [美]雷蒙德·W. 戈德史密斯:《金融结构与金融发展》,周朔等译,上海三联书店、上海人民出版社 1994 年版。

9.［美］富兰克林·艾伦、道格拉斯·盖尔:《比较金融系统》,王晋斌译,中国人民大学出版社2002年版。

10.［美］约瑟夫·E.斯蒂格利茨、沙希德·尤素福:《东亚奇迹的反思》,王玉清、朱文晖等译,中国人民大学出版社2013年版。

11.［印］坎哈亚·L.古普塔、［荷］罗伯特·伦辛克:《金融自由化与投资》,沈志华译,经济科学出版社2000年版。

12.［美］劳伦斯·H.怀特:《货币制度理论》,李扬、周素芳、姚枝仲译,中国人民大学出版社2004年版。

13.［德］于尔根·艾希贝格尔、［澳］伊恩·哈珀:《经济金融学》,刘锡良译,西南财经大学出版社2000年版。

14.［美］R.科斯、A.阿尔钦、D.诺斯:《财产权利与制度变迁》,刘守英等译,格致出版社2014年版。

15.［美］兹维·博迪、罗伯特·C.默顿:《金融学》,曹辉、曹音译,中国人民大学出版社2013年版。

16.［美］尼古拉斯·R.拉迪:《中国融入全球经济》,隆国强等译,经济科学出版社2002年版。

17.［美］巴瑞·易臣格瑞:《迈向新的国际金融体系》,成小洲等译,北京出版社2000年版。

18.［美］劳伦·勃兰特、托马斯·罗斯基:《伟大的中国经济转型》,方颖、赵扬等译,格致出版社2016年版。

19.［日］青木昌彦、吴敬琏:《中国经济新转型》,姚志敏等译,译林出版社2014年版。

20.［美］詹姆斯·H.汉科、［英］阿兰·A.瓦尔特斯:《发展经济学的革命》,黄祖辉、蒋文华译,格致出版社2014年版。

21.［美］E.博登海默:《法理学——法律哲学与法律方法》,邓正来译,中国政法大学出版社2004年版。

22.［美］约瑟夫·E.斯蒂格利茨:《社会主义向何处去:经济体制转型的理论与证据》,周立群、韩亮、余文波译,吉林人民出版社2011年版。

23. [美]奥利弗·E.威廉姆森:《资本主义经济制度:论企业签约与市场签约》,段毅才、王伟译,商务印书馆2009年版。

24. 高波:《资源富集地区经济金融发展理论与实践》,中国金融出版社2009年版。

25. 张士学:《折射变迁的轨迹:转型时期的经济金融问题思考》,经济科学出版社2009年版。

26. 白钦先:《中国农村金融"三元结构"制度研究》,中国金融出版社2009年版。

27. 姚明龙:《民营资本的金融突围:浙商投资村镇银行与小额贷款公司研究》,浙江大学出版社2011年版。

28. 魏燕慎:《国际金融体制与监管变革》,社会科学文献出版社2011年版。

29. 唐青生:《西部农村金融资源配置研究》,经济科学出版社2010年版。

30. 江世银:《中国金融体制改革的理性思考》,中国财政经济出版社2009年版。

31. 张跃文:《中国金融体系的结构与变革》,中国社会科学出版社2010年版。

32. 高晓燕:《基于供给视角的农村金融改革研究》,中国金融出版社2012年版。

33. 杨涤:《金融资源配置论》,中国金融出版社2011年版。

34. 李海平:《中国农村经济发展与金融体系建设问题研究》,中国农业出版社2011年版。

35. 应宜逊:《金融体制改革:走向市场金融》,中国金融出版社2009年版。

36. 陈蓉:《"三农"可持续发展的融资拓展:民间金融的法制化与监管框架的构建》,法律出版社2010年版。

37. 江能:《中国农村金融改革与发展问题研究》,经济科学出版社2012年版。

38. 辛树人:《差别化金融调控的目标、工具与模式选择:基于货币政策效应和传导的视角》,中国市场出版社2011年版。

39. 魏清:《金融资源流动与长三角金融一体化研究》,中国商业出版社2011年版。

40. 杨旭:《中国渐进改革中的金融控制:基于金融史视角》,经济科学出版社2012年版。

41. 吴少新:《基于普惠金融体系的中国村镇银行绩效研究》,湖北人民出版社2012年版。

42. 张荔:《金融资源理论与经验研究》,中国金融出版社2011年版。

43. 冉光和:《农村金融资源开发机理与风险控制》,中国社会科学出版社2011年版。

44. 慈向阳:《金融制度与资源能力驱动下的企业成长》,上海财经大学出版社2011年版。

45. 刘秀红:《境外证券交易所竞争中国上市资源及其金融安全研究》,上海财经大学出版社2012年版。

46. 钱东平:《政府德性论》,江苏人民出版社2005年版。

47. 武志:《中国经济转轨中的金融发展》,科学出版社2014年版。

48. 杜家廷:《区域金融结构与产业结构协调度研究》,科学出版社2014年版。

49. 马理:《国有金融机构的行为扭曲与监管制度设计》,经济管理出版社2006年版。

50. 王广谦:《20世纪西方货币金融理论研究:进展与述评》,经济科学出版社2003年版。

51. 张志红:《当代中国政府间纵向关系研究》,天津人民出版社2005年版。

52. 吴润生:《中国宏观金融结构分析与政策思考》,中国社会科学出版社2013年版。

53. 张杰:《经济变迁中的金融中介与国有银行》,中国人民大学出版社2003年版。

54. 白钦先:《金融可持续发展研究导论》,中国金融出版社2001年版。

55. 李扬、王国刚、何德旭:《中国金融理论前沿》,社会科学文献出版社

2003 年版。

56. 郭梅亮:《中国国有银行制度变迁:适应性效率与功能演进》,中国经济出版社 2015 年版。

57. 张杰:《中国金融改革的制度逻辑》,中国人民大学出版社 2015 年版。

58. 谢平、焦瑾璞:《中国商业银行改革》,经济科学出版社 2002 年版。

59. 谢平、蔡浩仪:《金融经营模式及监管体制研究》,中国金融出版社 2003 年版。

60. 蒋益民:《中国货币政策区域效应研究:生产力不平衡结构视角的分析》,中国社会科学出版社 2013 年版。

61. 林毅夫:《新结构经济学:反思经济发展与政策的理论框架》,苏剑译,北京大学出版社 2014 年版。

62. 巴曙松:《金融危机中的中国金融政策》,北京大学出版社 2010 年版。

63. 巴曙松:《中国金融市场发展路径研究》,上海财经大学出版社 2008 年版。

64. 成丽敏:《全球化背景下的中国金融稳定》,东北财经大学出版社 2014 年版。

65. 马洪范:《财政视角下的金融政策研究》,中国财政经济出版社 2014 年版。

66. 贾康:《战略机遇期金融创新的重大挑战:中国政策性金融向何处去》,中国经济出版社 2010 年版。

67. 董裕平:《金融:契约、结构与发展》,中国金融出版社 2003 年版。

68. 鲁钊阳:《中国城乡金融非均衡发展的理论与实证研究》,人民出版社 2015 年版。

69. 温信祥:《日本农村金融及其启示》,经济科学出版社 2014 年版。

70. 郑长德:《金融与发展:理论与实证研究》,经济科学出版社 2017 年版。

71. 吴晓求、王广谦:《金融理论与政策》,中国人民大学出版社 2013 年版。

72. 易纲:《中国的货币、银行和金融市场:1984—1993》,上海三联书店、上海人民出版社 1998 年版。

73. 龚明华:《发展中经济金融制度与银行体系研究》,中国人民大学出版社 2004 年版。

74. 张建波:《中国农村金融供给状况及制度创新》,经济科学出版社 2016 年版。

75. 中央财经大学中国金融发展研究院:《中国农村金融风险若干问题研究》,中国社会科学出版社 2011 年版。

76. 杨文云:《金融监管法律国际协调机制研究》,上海财经大学出版社 2011 年版。

77. 雷启振:《中国农村金融体系构建研究:基于"三农"实证视角》,中国社会科学出版社 2010 年版。

78. 燕小青:《民间资本支持中小企业发展路径与对策研究》,中国财政经济出版社 2015 年版。

79. 蒋光和:《金融产业可持续发展理论研究》,商务印书馆 2004 年版。

80. 赵志刚:《中国农村金融抑制与金融深化问题研究》,中国金融出版社 2015 年版。

81. 王曙光:《普惠金融:中国农村金融重建中的制度创新与法律框架》,北京大学出版社 2013 年版。

82. 杨德平:《农村金融发展与中国二元经济转换:兼论农村金融新范式》,人民出版社 2012 年版。

83. 熊德平:《农村金融与农村经济协调发展研究》,社会科学文献出版社 2009 年版。

84. 王曙光:《告别贫困:中国农村金融创新与反贫困》,中国发展出版社 2012 年版。

85. 白钦先、李钧:《中国农村金融"三元结构"制度研究》,中国金融出版社 2009 年版。

86. 张子荣:《中国农村的金融生态问题》,知识产权出版社 2016 年版。

87. 胡金焱、孙健:《金融支持、新型农村金融机构创新与"三农"发展》,山东大学出版社 2016 年版。

88. 白钦先:《各国金融体制比较》(第3版),中国金融出版社2013年版。

89. 彭兴韵:《金融发展的路径依赖与金融自由化》,上海三联书店、上海人民出版社2002年版。

90. 王曙光:《金融自由化与经济发展》,北京大学出版社2003年版。

91. 胡学好:《中国政策性金融理论与实践》,经济科学出版社2006年版。

92. 王伟:《中国政策性金融与商业性金融协调发展研究》,中国金融出版社2006年版。

93. 李志斌:《后危机时代的金融衍生品市场监管:基于〈美国金融监管改革法案〉的思考》,中国金融出版社2012年版。

94. 田杰:《我国农村金融排斥研究:测度、福利影响与政策干预》,西南财经大学出版社2015年版。

95. 沈明高、徐忠、沈艳:《中国农村金融研究:改革、转型与发展》,北京大学出版社2014年版。

96. 中国农业银行战略规划部、中国家庭金融调查与研究中心:《中国农村家庭金融发展报告》,西南财经大学出版社2014年版。

97. 李庆海、李锐:《我国农户信贷配给及其影响的实证研究》,南京大学出版社2014年版。

98. 周凯:《城乡统筹发展中的农村金融体系改革》,西南财经大学出版社2009年版。

99. 王光伟:《中国金融体制改革焦点问题研究》,复旦大学出版社2003年版。

100. 周立:《金融排斥、金融排异与农村金融普惠》,中国农业出版社2016年版。

101. 周再清:《"三农"金融机构协调发展研究》,中国金融出版社2013年版。

102. 岳彩申:《普惠金融、消费者保护与民间借贷法律问题研究》,法律出版社2015年版。

103. 赵建梅:《信贷约束与农村非正规金融研究:基于农户融资的视角》,

中国人民大学出版社 2015 年版。

104. 邢琳:《基于金融发展权的视角看农村合作金融法律制度》,东北师范大学出版社 2017 年版。

105. 徐龙炳:《国民经济安全研究:金融安全与金融监管》,上海财经大学出版社 2010 年版。

106. 陈荣文:《农村合作金融的法制创新》,知识产权出版社 2011 年版。

107. 魏成龙:《政府规制创新》,经济管理出版社 2016 年版。

108. 韩守富:《后金融危机背景下的金融监管》,社会科学文献出版社 2012 年版。

109. 王国刚:《利率市场化改革与利率调控政策研究》,社会科学文献出版社 2016 年版。

110. 张维迎:《市场的逻辑》(第 2 版),上海人民出版社 2012 年版。

111. 张维迎:《市场与政府:中国改革的核心博弈》,西北大学出版社 2014 年版。

112. 刘小玄:《中国转轨过程中的产权和市场》,上海三联书店、上海人民出版社 2003 年版。

113. 孙同全:《中国农民合作社的发展与作用研究:基于对 3 省 121 家农民合作社的调研》,中国社会科学出版社 2016 年版。

114. 张健华:《利率市场化的全球经验》,机械工业出版社 2012 年版。

115. 魏源:《中国农村民间借贷市场研究》,经济管理出版社 2013 年版。

116. 陈婉玲:《独立监管组织法律研究:以金融业分业监管为视角》,上海人民出版社 2011 年版。

117. 钱颖一:《现代经济学与中国经济》,中信出版集团股份有限公司 2017 年版。

118. 钟祥财:《当代中国经济改革思想》,上海社会科学院出版社 2016 年版。

119. 姚洋:《转轨中国:审视社会公正和平等》,中国人民大学出版社 2004 年版。

120. 张兴胜:《渐进改革与金融转轨》,中国金融出版社 2007 年版。

121. 张五常:《中国的经济制度》(第 2 版),中信出版集团股份有限公司 2017 年版。

122. 张守文:《分配危机与经济法规制》,北京大学出版社 2015 年版。

123. 张守文:《经济法理论的重构》,人民出版社 2004 年版。

124. 张守文:《经济法原理》,北京大学出版社 2013 年版。

125. 漆多俊:《经济法学》(第 3 版),高等教育出版社 2014 年版。

126. 樊纲:《制度改变中国:制度变革与社会转型》,中信出版社 2014 年版。

二、中文论文类参考文献

1. 吴思麒:《从分业经营到混业经营:对金融监管组织机构模式研究》,载《经济研究资料》2004 年第 35 期。

2. 祝树金、赵玉龙、肖皓:《利率市场化、信贷歧视与中国经济发展——基于动态一般均衡模型的分析》,载《财经理论与实践》2018 年第 3 期。

3. 江时学:《论拉美国家的金融自由化》,载《拉丁美洲研究》2003 年第 4 期。

4. 张杰:《农户、国家与中国农贷制度:一个长期视角》,载《金融研究》2005 年第 2 期。

5. 付一书:《金融资源的流动与行政壁垒的约束》,载《金融理论与实践》2005 年第 6 期。

6. 张杰:《金融抑制、融资约束与出口产品质量》,载《金融研究》2015 年第 6 期。

7. 赵旭:《银行利差多维度量及影响因素:基于中国银行业 1998—2006 年经验证据》,载《金融研究》2009 年第 1 期。

8. 马晶:《我国存款利率市场化对银行风险的差异化影响》,载《财经科学》2015 年第 7 期。

9. 张杰:《国有银行存差:逻辑与性质》,载《金融研究》2003 年第 6 期。

10. 郑新广、郑文:《金融资源配置与收入差距》,载《财经论丛》2007 年第 2 期。

11. 王小鲁、樊纲、马光荣:《中国分省企业经营环境指数 2017 年报告》,载《经济学动态》2018 年第 4 期。

12. 陆磊:《社会主义和谐社会中的金融资源配置模式》,载《金融观察》2006 年第 10 期。

13. 闫先东、朱迪星:《地方政府投资偏好、信贷配置结构与货币政策传导效率》,载《金融监管研究》2018 年第 5 期。

14. 江其务:《中国金融制度的改革回顾与创新思考》,载《金融与保险》2002 年第 3 期。

15. 窦森:《我国金融资源的城乡配置问题研究》,载《经济问题》2009 年第 9 期。

16. 易纲:《中国经济改革历程、理念与方向》,载《金融研究》2009 年第 1 期。

17. 易纲:《货币政策回顾与展望》,载《中国金融》2018 年第 2 期。

18. 纪洋、徐建炜、张斌:《利率市场化的影响、风险与时机——基于利率双轨制模型的讨论》,载《经济研究》2015 年第 1 期。

19. 董正青:《金融释放论》,载《经济研究》2003 年第 7 期。

20. 陈刚、尹希果:《中国金融资源城乡配置差异的新政治经济学》,载《当代经济科学》2008 年第 5 期。

21. 何风隽:《政府主导型金融资源配置的有效性分析》,载《上海金融》2005 年第 5 期。

22. 王彦超:《金融抑制与商业信用二次配置功能》,载《经济研究》2014 年第 6 期。

23. 刘明志:《货币供应量和利率作为货币政策中介目标的适用性》,载《金融研究》2006 年第 1 期。

24. 尹志超、吴雨、甘犁:《金融可得性、金融市场参与和家庭资产选择》,

载《经济研究》2015 年第 3 期。

25. 朱迪星：《货币冲击、制度变迁与资本市场流动性》，载《金融监管研究》2014 年第 9 期。

26. 谢平、陆磊：《资源配置和产出效应：金融腐败的宏观经济成本》，载《经济研究》2003 年第 11 期。

27. 孙永强、巫和懋、戴金平：《资本市场开放对我国货币政策有效性的影响》，载《经济学家》2013 年第 4 期。

28. 蔡隽：《我国金融资源配置模式分析》，载《商场现代化》2007 年第 11 期。

29. 何风隽：《中央政府与地方政府的金融资源配置权博弈》，载《重庆大学学报》2005 年第 4 期。

30. 向琳、李季刚：《中国农村金融资源配置的区域效率评价》，载《区域经济研究》2010 年第 4 期。

31. 李超民：《美国农场合作金融法制化与我国农村金融体制建设》，载《环球法律评论》2006 年第 11 期。

32. 卢颖、白钦先：《中国金融资源地区分布中政府权力影响》，载《广东金融学院学报》2009 年第 4 期。

33. 卢颖、白钦先：《中国金融资源地区分布差异演变分析》，载《山西财经大学学报》2009 年第 8 期。

34. 王景武、王辰华：《中国金融资源的空间分布：制度逻辑与绩效检讨》，载《浙江金融》2005 年第 10 期。

35. 王纪全、张晓燕、刘全胜：《中国金融资源的地区分布及其对区域经济增长的影响》，载《金融研究》2007 年第 6 期。

36. 陈刚、尹希果：《中国金融资源城乡配置差异的政治经济学分析》，载《广东金融学院学报》2008 年第 4 期。

37. 向琳、李季刚：《中部地区农村金融资源需求的影响因素分析》，载《天津市财贸管理干部学院学报》2010 年第 3 期。

38. 何明霞：《政策导向：农村金融资源配置的路径选择》，载《湖北经济学院学报》2006 年第 4 期。

39. 沈军、贺伯峰:《再论金融资源说》,载《浙江金融》2006 年第 1 期。

40. 陈元:《由金融危机引发的对金融资源配置方式的思考》,载《财贸经济》2009 年第 11 期。

41. 王军、周应萍:《新形势下农村金融资源优化配置的对策研究》,载《统计与信息论坛》2009 年第 6 期。

42. 周丽华:《西部地区与东部地区资源配置的金融机制比较研究》,载《特区经济》2009 年第 8 期。

43. 陈长民:《西部地区优化金融资源配置问题思考》,载《财会月刊》2008 年第 1 期。

44. 冯果:《金融法的“三足定理”及中国金融法制的变革》,载《法学》2011 年第 9 期。

45. 吴志攀:《金融法的“四色定理”》,载北京大学金融法研究中心编:《金融法苑》(2000 年第 12 期),法律出版社 2001 年版,第 3 页。

46. 丁灿、许立成、徐志坚:《中国金融公平建设:理论与实践》,载《现代管理科学》2010 年第 6 期。

47. 孙天琦:《美国〈社区再投资法〉三十年变革的争论及启示》,载《广东金融学院学报》2009 年第 5 期。

48. 王益:《公平、效率和有效监管——中国金融法改进的目标》,载北京大学金融法研究中心编:《金融法苑》(2001 年第 11 期),法律出版社 2002 年版,第 17 ~ 28 页。

49. 周海林:《金融监管法的价值:自由竞争与金融安全》,载《福建金融管理干部学院学报》2007 年第 4 期。

50. 刘志云、卢炯星:《金融调控法与金融监管法关系论》,载《西南政法大学学报》2005 年第 4 期。

51. 贺小丽:《我国金融监管法立法目的条款的问题及完善》,载《甘肃社会科学》2016 年第 9 期。

52. 江其务:《中国金融:公平、和谐与西部大开发》,载《广东金融学院学报》2005 年第 5 期。

53. 王保树:《金融法二元规范结构的协调与发展趋势——完善金融法体系的一个视点》,载《广东社会科学》2009 年第 1 期。

54. 姚战琪:《现阶段我国金融服务业的结构、效率及公共政策》,载《国际贸易》2006 年第 3 期。

55. 徐孟洲、杨晖:《金融功能异化的金融法矫治》,载《法学家》2010 年第 5 期。

56. 白钦先、主父海英:《功能观视角下"金融地位"问题研究》,载《金融理论与实践》2009 年第 10 期。

57. 盛学军:《后危机时代下对金融监管法价值的省思》,载《重庆大学学报》(社会科学版)2011 年第 1 期。

58. 刘明非:《区域经济协调发展的金融法控制研究》,载《特区经济》2010 年第 7 期。

59. 董晓林、徐虹:《我国农村金融排斥影响因素的实证分析——基于县域金融机构网点分布的视角》,载《金融研究》2012 年第 9 期。

60. 邢会强:《金融危机治乱循环与金融法的改进路径——金融法中"三足定理"的提出》,载《法学评论》2010 年第 5 期。

61. 何志雄、曲如晓:《农业政策性金融供给与农村金融抑制——来自 147 个县的经验证据》,载《金融研究》2015 年第 2 期。

62. 邢会强:《金融危机与金融监管》,载《法学杂志》2009 年第 8 期。

63. 刘晓勇:《监管者的视角:金融体制改革三十年回顾与展望》,载《经济社会体制比较》2008 年第 4 期。

64. 董晓林、朱敏杰:《农村金融供给侧改革与普惠金融体系建设》,载《南京农业大学学报》(社会科学报)2015 年第 1 期。

65. 汪康懋、颜晓闽:《论金融法在中国的发展方向》,载《生产力研究》2009 年第 2 期。

66. 邢会强:《金融法的二元结构》,载《法商研究》2011 年第 3 期。

67. 蔡荣鑫:《"包容性增长"的理念的形成及其政策内涵》,载《经济学家》

2009 年第 1 期。

68. 焦瑾璞:《构建普惠金融体系让更多人享受现代金融》,载《今日财富》2010 年第 9 期。

69. 高晋康:《民间金融法制化的界限与路径选择》,载《中国法学》2008 年第 4 期。

70. 王颖、曾康霖:《论普惠:普惠金融的经济伦理本质与史学简析》,载《金融研究》2016 年第 2 期。

71. 胡文涛:《普惠金融发展研究:以金融消费者保护为视角》,载《经济社会体制比较》2015 年第 1 期。

72. 苏新茗:《全球金融危机与金融监管改革:解决之道》,载《经济学文摘》2010 年第 3 期。

73. 岳文婷:《金融调控法论纲》,载《中北大学学报》2007 年第 2 期。

74. 张忠军:《论金融法的安全观》,载《中国法学》2003 年第 4 期。

75. 高永进、葛兆强:《全球金融危机反思与我国金融体制改革深化》,载《当代财经》2009 年第 2 期。

76. 高建平、曹占涛:《普惠金融的本质与可持续发展研究》,载《金融监管研究》2014 年第 8 期。

77. 齐小东:《中国金融安全体系:内在逻辑与目标模式》,载《西部金融》2010 年第 6 期。

78. 李敬、冉光和:《中国区域金融发展差异调控:模型、范式与政策》,载《开发研究》2008 年第 2 期。

79. 冉光和、李敬、熊德平:《中国金融发展与经济增长关系的区域差异》,载《中国软科学》2006 年第 2 期。

80. 陈银娥、孙琼、徐文赟:《中国普惠金融发展的分布动态与空间趋同研究》,载《金融经济学研究》2015 年第 12 期。

81. Roberto Quercia、Janneke Ratcliffe、Michael A. Stegman:《〈社区再投资法〉:成效显著,但仍需改进》,中国人民银行西安分行金融研究处译,载《西部金融》2010 年第 2 期。

82. [美]本・S. 伯南克:《〈社区再投资法〉的起源、演化和挑战(上)》,载《金融纵横》2007 年第 8 期。

83. [美]本・S. 伯南克:《〈社区再投资法〉的起源、演化和挑战(下)》,载《金融纵横》2007 年第 10 期。

84. Liz Cohen Rosalia Agresti:《将〈社区再投资法〉扩展到所有金融机构》,中国人民银行西安分行金融研究处译,载《西部金融》2010 年第 3 期。

85. Robert B. Avery1、Marsha J. Courchane Charles River、Peter M. Zorn:《金融环境不断变化中的〈社区再投资法〉(上)》,中国人民银行西安分行金融研究处译,载《西部金融》2011 年第 3 期。

86. Robert B. Avery1、Marsha J. Courchane Charles River、Peter M. Zorn:《金融环境不断变化中的〈社区再投资法〉(下)》,中国人民银行西安分行金融研究处译,载《西部金融》2011 年第 5 期。

87. 卢静:《美国〈社区再投资法〉对增强我国信贷政策有效性的启示》,载《武汉金融》2011 年第 9 期。

88. 孙天琦、杨岚、袁静文:《美国的〈社区再投资法〉及其对中国欠发达地区的启示》,载《西安交通大学学报》(社会科学版)2011 年第 7 期。

89. Mark Willis:《一个银行家对〈社区再投资法〉的看法(上)》,中国人民银行西安分行金融研究处译,载《西部金融》2011 年第 6 期。

90. Mark Willis:《一个银行家对〈社区再投资法〉的看法(下)》,中国人民银行西安分行金融研究处译,载《西部金融》2011 年第 7 期。

91. 黄滢晓、汪慧玲:《金融资源配置扭曲与贫困关系研究》,载《贵州社会科学》2007 年第 12 期。

92. 周孟亮:《普惠金融视角下新型农村合作金融创新发展——兼谈“百信模式”与“山东模式”》,载《财经科学》2016 年第 9 期。

93. 韩大海、张文瑞、高凤英:《区域金融生态影响区域金融资源配置的机理》,载《财经研究》2007 年第 4 期。

94. 黎四奇:《中国普惠金融的囚徒困境及法律制度创新的路径解析》,载《现代法学》2016 年第 9 期。

95. 王永龙:《农村金融资源配置的制度缺失及应对》,载《改革》2008 年第 2 期。

96. 唐青生、周明怡:《西部地区农村金融资源配置效率实证研究——基于主成分法的分析》,载《云南财经大学学报》2009 年第 4 期。

97. 曹玲玲、刘彬斌、秦小丽:《农地流转、农村金融资源配置和城镇化耦合协调机制研究》,载《农村金融研究》2017 年第 12 期。

98. 王宇露、黄中伟:《银行生态环境建设中地方政府行为的激励与规制》,载《山西财经大学学报》2007 年第 9 期。

99. 孟兆娟:《中国农村金融资源配置的区域差异分析》,载《财经理论研究》2013 年第 4 期。

100. 孔微巍、闫倩:《法国资源型城市转型中的金融支持模式及借鉴》,载《商业研究》2009 年第 12 期。

101. 陈元:《由金融危机引发的对金融资源配置方式的思考》,载《财贸经济》2009 年第 11 期。

102. 龚强、张一林、林毅夫:《产业结构、风险特性与最优金融结构》,载《经济研究》2014 年第 4 期。

103. 陈承、朱新华:《论中国金融结构对金融资源配置的负面影响》,载《特区经济》2007 年第 9 期。

104. 巴曙松、沈长征:《从金融结构角度探讨金融监管体制改革》,载《当代财经》2016 年第 9 期。

105. 张文武:《混业经营趋势下整合农村金融资源路径探讨》,载《农业经济》2007 年第 7 期。

106. 陶君道、高新才:《区域经济发展不平衡与金融资源分布之间的关系研究(上)》,载《甘肃金融》2007 年第 6 期。

107. 陶君道、高新才:《区域经济发展不平衡与金融资源分布之间的关系研究(下)》,载《甘肃金融》2007 年第 7 期。

108. 崔光庆、王景武:《中国区域金融差异与政府行为:理论与经验解释》,载《金融研究》2006 年第 6 期。

109. 艾洪德、徐明圣、郭凯:《我国区域金融发展与区域经济增长关系的实证分析》,载《财经问题研究》2004 年第 7 期。

110. 孙天琦:《货币政策:统一性前提下部分内容的区域差别化研究》,载《金融研究》2004 年第 5 期。

111. 齐兰、徐云松:《制度环境、区域金融化与产业结构升级——基于中国西部面板数据的动态关系研究》,载《中央财经大学学报》2017 年第 12 期。

112. 秦建文、黄蕤:《我国保险业发展与区域经济增长相互关系实证研究——基于东西部地区差异的面板数据协整分析》,载《广西大学学报》(哲学社会科学版)2009 年第 1 期。

113. 陈品先:《金融地理与金融中心的研究进展——从专业社群运作来看》,载《世界地理研究》2004 年第 12 期。

114. 陈志福:《我国区域金融发展差异及对策》,载《业时代 · 学术评论》2006 年第 6 期。

115. 张璟、刘晓辉:《金融结构与固定汇率制度:来自新兴市场的假说和证据》,载《世界经济》2015 年第 10 期。

116. 冯邦彦、谭裕华:《论我国金融中心的层级体系——基于金融地理学的视角》,载《国际经贸探索》2007 年第 4 期。

117. 冯涛:《地方政府行为与区域金融发展》,载《西安交通大学学报》2007 年第 5 期。

118. 杜莉、潘晓健:《普惠金融、金融服务均衡化与区域经济发展——基于中国省际面板数据模型的研究》,载《吉林大学社会科学学报》2017 年第 5 期。

119. 谢非、谭明:《金融集聚对区域经济增长影响的异质性研究——基于我国 31 个省份面板数据的实证分析》,载《重庆理工大学学报》(社会科学版)2017 年第 4 期。

120. 袁康:《重新审思金融:金融公平理念的勃兴》,载《财经问题研究》2018 年第 1 期。

121. 王修华、顾娜:《我国区域金融发展与二元经济结构转换的实证分析》,载《农业技术经济》2008 年第 1 期。

122. 袁康:《主体能力视角下金融公平的法律实现路径》,载《现代法学》2018 年第 5 期。

123. 范祚军:《统一性前提下金融分区调控的方式、方法》,载《广西大学学报》(哲学社会科学版)2010 年第 2 期。

124. 徐阳、屈广玉:《保险消费、区域金融差异与经济增长的动态关系研究——基于非线性面板模型的实证分析》,载《保险研究》2017 年第 3 期。

125. 窦鹏娟:《消费金融公平发展的法律突破路径——基于普惠金融视角的思考》,载《现代经济探讨》2014 年第 4 期。

126. 孙天琦:《货币政策:统一性前提下部分内容区域判别化研究》,载《金融研究》2004 年第 5 期。

127. 姚景超:《货币政策与区域经济发展协调性研究》,载《西安金融》2005 年第 7 期。

128. 王满仓、王里:《中国货币政策区域化的理论与实证研究——基于西部经济发展与东部比较》,载《西北大学学报》2006 年第 1 期。

129. 焦瑾璞、孙天琦、刘向耘:《货币政策执行效果的地区差别分析》,载《金融研究》2006 年第 3 期。

130. 周小川:《中国宏观调控形势的变化和货币政策操作》,载《中国金融》2005 年第 10 期。

131. 中国人民银行南京分行课题组:《区域经济金融差异与宏观调控——对苏皖两省货币政策传导效应差异的实证研究》,载《金融纵横》2006 年第 1 期。

132. 冯辉:《普惠金融视野下企业公平融资权的法律构造研究》,载《现代法学》2015 年第 1 期。

133. 张金清、石黎、卿沈战:《我国区域金融中心形成的经济、金融发展阈值效应研究》,载《复旦学报》(社会科学版)2016 年第 1 期。

134. 冯果、袁康:《从法律赋能到金融公平——收入分配调整与市场深化下金融法的新进路》,载《法学评论》2012 年第 7 期。

135. 刘湘云、杜金岷:《区域金融结构与经济增长的相关性研究》,载《武汉大学学报》2005 年第 5 期。

136. 吴盼文、黄革、石海峰:《区域金融发展对经济增长的实证研究——基于 2005 – 2014 年我国四大区域经济板块的面板数据》,载《金融发展理论》2015 年第 9 期。

137、林毅夫、姜烨:《经济结构、银行业结构与经济发展》,载《金融研究》2006 年第 1 期。

138. 何问陶、田晔:《中国金融体系演进的内在逻辑初探——兼与"市场主导型"商榷》,载《经济体制改革》2003 年第 4 期。

139. 中国人民银行郑州中心支行课题组:《我国金融资源区域分布不平衡的机理分析及政策建议》,载《金融理论与实践》2007 年第 11 期。

140. 周振、谢家智、高庆鹏:《内生金融发展的止元经济增长模型》,载《金融理论与实践》2008 年第 1 期。

141. 窦森:《我国金融资源的城乡配置问题研究》,载《经济问题》2009 年第 9 期。

142. 王少国:《我国金融发展对二元经济转换的影响》,载《统计与决策》2005 年第 9 期。

143. 彭建刚、李关政:《我国金融发展与二元经济结构内在关系实证分析》,载《金融研究》2006 年第 4 期。

144. 袁康:《金融公平视角下农村系统性负投资的法律矫正》,载《湖北社会科学》2013 年第 5 期。

145. 严玉华:《我国国有垄断金融制度安排与改革——国家模型》,载《市场论坛》2005 年第 12 期。

146. 兰京:《金融二元结构下我国农村金融发展的研究》,载《西南民族大学学报》(人文社会科学版)2013 年第 9 期。

147. 邢会强:《金融法的二元结构》,载《法商研究》2011 年第 5 期。

148. 薛薇:《农村金融功能效率时空演进与区域分布——基于中国 1992 ~ 2013 年 31 个省市的经验验证》,载《农村经济》2016 年第 5 期。

149. 李通禄、郑长德:《普惠金融理论文献研究》,载《武汉金融》2010 年第

8 期。

150. 朱建华、刘卫柏:《社会公平与普惠型农村金融体系构建》,载《社会科学家》2010 年第 5 期。

151. 张燕、吴正刚、高翔:《论新农村建设中的农民金融权利保护》,载《农村经济》2009 年第 1 期。

152. 张浩然:《中国城市金融集聚的演进趋势与影响因素:区域异质性视角》,载《广东财经大学学报》2016 年第 6 期。

153. 应飞虎:《权利倾斜性配置研究》,载《中国社会科学》2006 年第 3 期。

154. 李万超、马晓宇:《城乡经济金融二元结构研究——基于综合二元反差指数》,载《金融理论与实践》2016 年第 8 期。

155. 廖申白:《西方正义概念:嬗变中的综合》,载《哲学研究》2002 年第 11 期。

156. 荆勤忠:《普惠金融可持续发展:模式突破、政策扶持与市场边界》,载《甘肃金融》2011 年第 3 期。

157. 夏慧:《普惠金融体系与和谐金融建设的思考》,载《浙江金融》2009 年第 3 期。

158. 曹风岐:《建立多层次农村普惠金融体系》,载《农村金融研究》2010 年第 10 期。

159. 王春梅:《金融市场准入监管博弈分析》,载《中南财经政法大学研究生学报》2009 年第 3 期。

160. 李培、曹媛、黄坚平:《区域金融发展、居民金融资产与收入分配——以重庆市为例》,载《西南政法大学学报》2011 年第 2 期。

三、博士硕士学位论文

1. 杨三正:《宏观调控权论》,西南政法大学 2006 年博士学位论文。

2. 何风隽:《中国转型经济中的金融资源配置研究》,西北大学 2005 年博士学位论文。

3. 韩正清:《农村经济增长中的农村金融资源供给及效应》,西南大学2006 年博士学位论文。

4. 彭浬:《区域金融资源配置效率测度及其空间特征研究》,湖南大学2017 年博士学位论文。

5. 黄有璋:《论当代中国分配正义》,中共中央党校 2010 年博士学位论文。

6. 李军:《中国农村金融"三元结构"制度研究》,辽宁大学 2008 年博士学位论文。

7. 王学忠:《新型农村金融机构市场准入法律制度研究》,安徽大学 2010年博士学位论文。

8. 于丽红:《中国农村二元金融结构研究》,沈阳农业大学 2008 年博士学位论文。

9. 高晓燕:《基于供给视角的农村金融改革研究》,天津财经大学 2007 年博士学位论文。

10. 慕丽杰:《中国区域金融非均衡发展研究》,辽宁大学 2009 年博士学位论文。

11. 范磊:《中国区域银行业市场结构与金融稳定的关系研究》,辽宁大学2016 年博士学位论文。

12. 哈斯:《金融发展视角下中国区域经济增长的非均衡分析》,复旦大学2006 年博士学位论文。

13. 陈阳:《中国有效金融监管制度研究》,吉林大学 2009 年博士学位论文。

14. 刘建莉:《区域金融发展与经济增长——基于中国地方政府金融控制的分析》,河南大学 2015 年博士学位论文。

15. 赵晓力:《中国区域金融发展问题研究》,吉林大学 2007 年博士学位论文。

16. 尹优平:《中国区域金融协调发展研究》,西南财经大学 2007 年博士学位论文。

17. 陈家付:《现阶段我国社会公平保障问题研究》,山东师范大学 2009 年博士学位论文。

18. 刘进军:《中国区域金融协调机制研究》,天津财经大学2015年博士学位论文。

19. 卢立香:《中国金融发展对农民收入增长影响的理论与实证研究》,山东大学2009年博士学位论文。

20. 唐友雄:《演进中的我国农村分配制度的公平和效率研究》,湘潭大学2010年硕士学位论文。

21. 陈香玲:《德沃金资源平等理论研究》,西南大学2008年硕士学位论文。

22. 高原:《经济伦理视野中的效率与公平问题》,河北师范大学2007年硕士学位论文。

23. 何道勇:《论社会成果公平分享的法律制度研究》,云南财经大学2010年硕士学位论文。

24. 梁慧:《中国西部地区金融资源配置效率研究》,成都理工大学2016年硕士学位论文。

25. 高义勇:《金融发展与社会公平——基于中国的实证分析》,武汉大学2008年硕士学位论文。

26. 阮敏:《中国政策性金融研究》,中央财经大学2006年硕士学位论文。

27. 魏颖:《区域经济增长不平衡和金融资源分布关系实证研究》,兰州商学院2009年硕士学位论文。

28. 王抒一:《理论与实证:西部金融资源的城乡配置结构与二元经济结构转换》,兰州大学2010年硕士学位论文。

29. 孟兆亮:《金融资源配置与城乡消费差异研究》,西南大学2013年硕士学位论文。

30. 叶德杰:《地方政府参与金融资源配置下的地方金融风险研究》,云南财经大学2018年硕士学位论文。

31. 毕丽嘉:《普惠金融服务组织变革分析》,首都经济贸易大学2009年硕士学位论文。

32. 张甜迪:《西部地区建立普惠性农村金融体系研究》,云南财经大学2010年硕士学位论文。

33. 安阳:《我国东北地区金融资源配置的实证研究》,吉林大学2009年硕士学位论文。

34. 陈凯笛:《金融资源地区分布差异对地区经济增长的研究》,湘潭大学2009年硕士学位论文。

35. 彭浩:《中国城乡二元结构与社会公平问题研究》,四川大学2007年硕士学位论文。

36. 惠媛媛:《中国金融深化程度及其与经济增长关系的实证研究——基于资产货币化指标的分析》,吉林大学2006年硕士学位论文。

37. 宫丽娜:《我国民间金融的政府规制研究》,吉林大学2010年硕士学位论文。

38. 尚林:《我国民间金融法律监管问题研究》,吉林大学2010年硕士学位论文。

39. 宋春昱:《金融资源错配对企业绩效的影响研究——来自中国上市公司的证据》,大连理工大学2015年硕士学位论文。

40. 孙亮:《金融发展与城镇居民收入差距的互动传导机制研究——以上海为例》,上海社会科学院2009年硕士学位论文。

四、主要外文参考文献

1. La Porta Rafael, Florencio Lopez – de – Silanes, Andrei Shleifer, and Robert Vishny, "Law and Finance", *Journal of Political Economy*, 1998.

2. Sanjay Jain, Symbiosis vs. Crowding – out, "The Interaction of Formal and Informal Credit Markets in Developing Countries", *Journal of Development Economics*, 1999, Vol. 59.

3. Rajshekar D., Micro Finance, Poverty, and Empower – ment of Women, *A case study of two NGOs from Andhra Pradesh and Karnataka*, ISEC publications,

Bangalore,2004.

4. Schreiner M., "Informal Finance and the Design of Microfinance", *Development in Practice*, 2001, Vol. 11, No. 5.

5. Barr, Michael S, "Credit Where it Counts: The Community Reinvestment Act and Its Critics", *New York University Law Review*, 2005, Vol. 75, No. 600.

6. Stella J. and S. Adams, "Putting Race Explicitly into the CRA, Revisiting theCRA: Perspectives on the Future of the Community Reinvestment Act", 2009.

7. Kroszner, Randall S., "The Community Reinvestment Act and the Recent MortgageCrisis, presented at the Confronting Concentrated Poverty Policy Forum", Board of Governors of the Federal Reserve System, Washington, D. C., December 3, 2008, http://www.federalreserve.gov/newsevents/speech/kroszner-a.htm.

8. Braunstein, Saundra F. Director, Division of Consumer and Community Affairs, Testimony before the Comm ittee on Financial Services, U. S. House of Representatives, The Community Reinvestment Act, 2008, February 13.

9. Bernanke, Ben S., "Subprime Mortgage Lending and Mitigating Foreclosures", *Testimony before the Committee on Financial Services*, U. S. House of Representatives, Washington, DC, 2007, September 20.

10. Avery, Robert B., Paul S. Calem, and Glenn B. Canner, The Effects of the Community Reinvestment Act on Local Communities, Board of Governors of the Federal ReserveSystem, Division of Research and Statistics, 2003, March 20.

11. Randall S. Kroszner, "The Community Reinvestment Act and the Recent Mortgage Crisis", Speech given at the Confronting Concentrated PovertyPolicy Forum, Board of Governors of the Federal Reserve System, Washington DC, 2008, December 3, http://www.federalreserve.gov/newsevents/speech/kroszner20081203a.htm.

12. United States Government Accountability Office (GAO), "Bank Fees: Federal Banking Regulators Could Ensure That Consumers Have Required Disclosure Documents Prior to Opening Checking orSavingsAccounts", GAO-08-

281(January 2008), http://maloney. house. gov/documents/inancial/consumer/20080303GAOBankFees. pdf.

13. Elizabeth Laderman and Carolina Reid, "Lending in Low - and Moderate - Income Neighborhoods in California: ThePerformance of CRA Lending During the Subprime Meltdown", WorkingPaper San Francisco, CA: Federal Reserve Bank of SanFrancisco, November 2008, http:// www. frbsf. org/publications/community/wpapers/2008/wp08 - 05. pdf.

14. Beck T., Levine, R. &Loayza N., "Finance and Sources of Growth", *Journal of Financial Economics*, 2000, Vol. 58.

15. AbdulAbiad, N. O. &Kenicji, U., "The Quality Effect: Does Financial Liberalization Improve the Allocation ofCapital IMF", Working Paper, 2004 Vol. 6.

16. Yousif Khaliafa - Yousif, "Financial Development and Economic Growth Another Look at the Evidence from Developing Countries," *Review of Financial Economics*, 2002, Vol. 11.

17. Therath G. Rural, *Credit Market and Institutional Reform in Developing Countries: Potential and Problem*, Savings and Development Felice Tambussi publishing, 1994.

18. Sharpe, Steven, "Asymmetric Information, Bank Lending and Implicit Contracts: A Stylized Modelof CustomerRela - tionships", *Journal of Finance*, 1990, Vol. 45.

19. Financial Inclusion: Credit, Savings, Advice and Insurance, Twelfth Report of Session, 2005, Vol. 6.

20. John Wakeman - Linn, Smita Wagh, Regional Financial Integration: Its Potential Contribution to Financial Sector Growth and Development in Sub - Saharan Africa, 2008.

图书在版编目(CIP)数据

金融资源配置公平及其法律保障研究 / 田春雷著.
-- 北京 : 法律出版社, 2018
(辽宁大学经济法学文丛 / 杨松主编)
ISBN 978 - 7 - 5197 - 1943 - 2

Ⅰ. ①金… Ⅱ. ①田… Ⅲ. ①金融资源 - 配置 - 法律 - 保障 - 研究 - 中国 Ⅳ. ①D922.21

中国版本图书馆 CIP 数据核字(2018)第 009926 号

金融资源配置公平及其法律保障研究
JINRONG ZIYUAN PEIZHI GONGPING JIQI FALÜ BAOZHANG YANJIU

田春雷 著

策划编辑 沈小英
责任编辑 沈小英 刘晓萌
装帧设计 汪奇峰

出版 法律出版社
总发行 中国法律图书有限公司
经销 新华书店
印刷 北京虎彩文化传播有限公司
责任校对 马 丽
责任印制 吕亚莉

编辑统筹 财经法治出版分社
开本 720 毫米 × 960 毫米 1/16
印张 13.25
字数 208 千
版本 2018 年 11 月第 1 版
印次 2018 年 11 月第 1 次印刷

法律出版社/北京市丰台区莲花池西里 7 号(100073)
网址/www.lawpress.com.cn
投稿邮箱/info@lawpress.com.cn
举报维权邮箱/jbwq@lawpress.com.cn
销售热线/010 - 83938336
咨询电话/010 - 63939796

中国法律图书有限公司/北京市丰台区莲花池西里 7 号(100073)
全国各地中法图分、子公司销售电话:
统一销售客服/400 - 660 - 6393
第一法律书店/010 - 83938334/8335
西安分公司/029 - 85330678
重庆分公司/023 - 67453036
上海分公司/021 - 62071639/1636
深圳分公司/0755 - 83072995

书号:ISBN 978 - 7 - 5197 - 1943 - 2
定价:58.00 元